JN014527

中学社会の

いっせー先生と学ぶ

きほん **60** レッスン

西岡壱誠

文英堂

勉強には，才能も特別な環境も必要ない。
自分に合ったやり方を見つけて積み重ねていけば，
だれでも成績を上げることができる。

ここは学校でも塾でもない，今までとは違う場所。
だから，これまで勉強が苦手だったきみもあきらめないで。
ぼくたちが全力でサポートするから！

ここから一緒にがんばっていこう！

▲くめはら先生
国語担当

▲でんがん先生
理科担当

▲いっせー先生
社会担当

▲こーさく先生
数学担当

▲すばる先生
英語担当

この本の登場人物紹介

おなかへったよ。なんかおごって！

いろいろ覚えるの，マジつらい……。

はー，石油王と結婚（けっこん）したいです。

イツキ（中1）
勉強よりもゲームとサッカーが好き。

ユイ（中2）
勉強はまあまあだけど，なぜか社会だけ苦手。

リン（中3）
マンガやライトノベルが好きで，自分でも書く派。

いっせー先生との出会い

イツキ，ユイ，リンの3人は，たまたま同じマンションに住んでいて，物心（ものごころ）がついたときからの付き合いだ。

「元気ないですね。推しが結婚（お）でもしましたか？」と，リンがユイにたずねる。

「そんなんじゃないよ！ 社会のテストの結果がマジでやばくて……」

「ユイって勉強はできるほうなのに，なんで社会だけ苦手なの？」と，イツキ。

「だって社会って，覚えることが多すぎるじゃん！」と，ユイが口をとがらせる。

「武将（ぶしょう）の名前を覚えられるゲームなら，おすすめがあるぞ！」

「勉強はあきらめて，私と一緒（いっしょ）に玉（たま）の輿（こし）を目指しましょうよ！」

2人に相談した自分がバカだったと，ユイは頭をかかえた。

そんな3人の前に，いつの間にか，オタクっぽい男性が立っていた。

あきらめるのは，まだはやい！ 一緒に楽しく覚えていこうよ。

いっせー先生

社会講師

受験合格請負人

いっせー先生 （西岡壱誠）

右ページの4人の仲間とともに，みんなの合格を全力であと押しするよ！

PROFILE

東京大学経済学部4年生。高校時代は，偏差値35で学年最下位だったが，浪人時代に独自の勉強法を確立し，東大合格を果たす。著書は『東大読書』『東大作文』『東大思考』『東大独学』（東洋経済新報社）など多数。
Twitter：@nishiokaissey

MESSAGE　この本を手に取ってくれたみんなへ

勉強が苦手で，とんでもない点数を取ったからって，あきらめることはないよ。間違うって，全然悪いことじゃない。そこから学べることがいっぱいあるんだ。
勉強って，だれでもやればやるほど伸びていく。悩んでばかりいないで，今日から一緒に始めよう！

先生からのメッセージ動画はこちら

TIMELINE

- **1996年**　北海道札幌市に生まれ，その後東京都へ転居
- **2008年**　東京都の中高一貫校，私立宝仙学園へ入学
- **2011年〜2013年**
  - ・高校時代は生徒会長を務める
  - ・高2の最後に受験した全国模試で偏差値35を記録
- **2014年〜2015年**　2年間の浪人時代を経て，偏差値は70に
  東大模試で全国4位まで上りつめ，東大合格を果たす
- **2016年**　東京大学へ入学。現役東大生作家として多くの書籍を執筆
- **2018年**　マンガ『ドラゴン桜2』の監修チーム「東龍門」のリーダーとなる
- **2020年**　株式会社カルペ・ディエムを設立。全国の高校へ出向き，生徒や教師への指導を開始
- **2022年**　初の自伝的小説『それでも僕は東大に合格したかった』（新潮社）発売
- **2023年**　『いっせー先生と学ぶ 中学社会のきほん 60レッスン』発売

当時の成績表。とくに苦手だった英語は，120点満点中3点だった

高校生に勉強法を教える「リアルドラゴン桜プロジェクト」を開始

生徒には勉強法や思考法を，教師には指導法を教えている

国語講師

いっせー先生は
超えられない壁！

学参マイスター
くめはら先生 （粂原圭太郎）
（くめはらけいたろう）

出身地	群馬県
出身高校	群馬県立中央中等教育学校
最終学歴	京都大学経済学部経営学科
主な活動	・オンライン個別指導塾「となりにコーチ」代表 ・本田式認知特性研究所メンバー
著書	『偏差値95の勉強法』（ダイヤモンド社）など
YouTube	粂原圭太郎の頭の中 - オンライン塾「となりにコーチ」代表 -（@user-ns3yc8md5m）
SNS	Twitter：@k_kumehara

数学講師

いっせー先生は
最高の仲間！

計算の申し子
こーさく先生 （永田耕作）
（ながたこうさく）

出身地	愛知県
出身高校	愛知県立明和高校
最終学歴	東京大学教育学部在学中
主な活動	株式会社カルペ・ディエムの講師として全国の高校で講演・ワークショップ
著書	『東大生の考え型「まとまらない考え」に道筋が見える』（日本能率協会マネジメントセンター）
SNS	Twitter：@NagataKosaku08

英語講師

いっせー先生は
共に戦う同期！

東大医学部卒 YouTuber
すばる先生 （宇佐見天彗）
（うさみすばる）

出身地	香川県
出身高校	香川県立高松高校
最終学歴	東京大学医学部医学科
主な活動	・YouTube チャンネル運営 ・勉強法や受験対策情報の発信
著書	『現役東大医学部生が教える最強の勉強法』（二見書房）など
YouTube	PASSLABO in 東大医学部発「朝10分」の受験勉強 cafe（@passlabo）
SNS	Twitter：@sbr_usami

理科講師

いっせー先生は
いわ／ドラゴン！

理系 YouTuber
でんがん先生

出身地	兵庫県
出身高校	兵庫県立芦屋高校
最終学歴	大阪大学大学院基礎工学研究科（修士）
主な活動	・YouTube チャンネル運営 ・映画俳優（出演作品『カラダ探し』『近江商人，走る！』）
著書	『元バカによるバカのための勉強100カ条！』（SB クリエイティブ）など
YouTube	日常でんがん（@nichijo_dengan） たまるクエスト（@tamaruquest）
SNS	Twitter：@dengan875

この本の構成と使い方

基本ページ
会話形式の授業で習ったことをもとに「練習問題」を解いて力をつける

重要な語句は
なぞり書きして覚えましょう。

さくいん＆用語集
意味つきのさくいんで，重要用語をサッと確認する

さくいんとしてだけでなく，用語チェックにも使えるから，便利だよ！

自分に合う勉強法の見つけ方

先生の経験や適性の例を参考にしながら，自分に合ったやり方を見つける

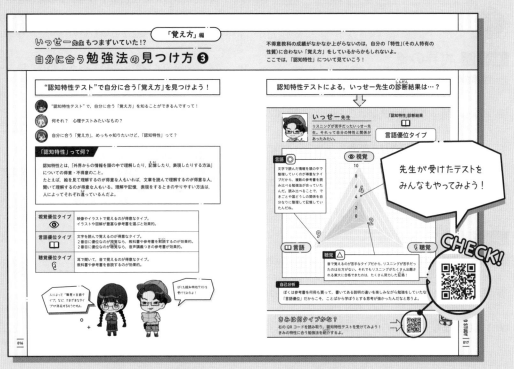

Q&A

生徒たちの悩みに先生が全力で答える

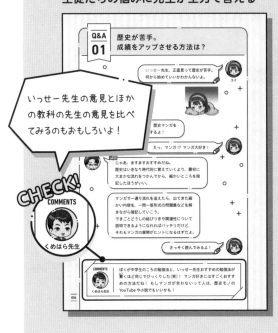

解答解説

問題を解いたら，答え合わせをする

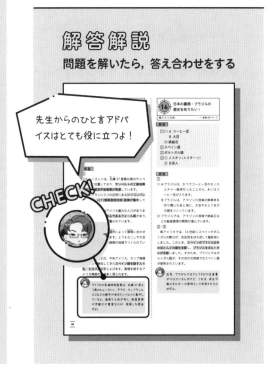

もくじ

いっせー先生ってどんな人!? ………… 010

自分に合う勉強法の見つけ方 ………… 012

①章 地理

PART 1 世界の姿

1 世界の地表のうち，7割が海なの？ ………… 020
世界の地域区分

2 地球って傾いてて大丈夫なの？ ………… 022
緯度と経度

3 世界はどんな気候にわけられる？ ………… 024
世界の気候

4 日本が12時のときパリは4時なの？ ………… 026
日本と世界の時差

PART 2 日本の姿

5 日本は7つの地方にわけられる！ ………… 028
日本の地域区分

6 日本って国土の7割以上が山なの？ ………… 030
日本の地形

7 1年中かぼちゃが食べられるのはなぜ？ ………… 032
日本の農業

PART 3 世界の諸地域

8 世界人口の6割がアジアに住んでいる？ ………… 036
東アジア

9 バナナは世界のどこでつくられている？ ………… 038
東南アジア

10 車で移動できるのは西アジアのおかげ？ ………… 040
西アジア・南アジア・中央アジア

11 イギリスは北海道よりもあたたかい？ ………… 042
ヨーロッパ州

12 チョコはどんなふうにつくられている？ ………… 044
アフリカ州

13 アメリカンドリームって何？ ………… 046
北アメリカ州

14 日本の裏側・ブラジルの歴史を知りたい！ ………… 048
南アメリカ州

15 オーストラリアは日本人に人気の移住先？ ………… 050
オセアニア州

PART 4 日本の諸地域

16 福岡市は住みやすいって本当？ ………… 054
九州地方

17 香川県のうどんがおいしいのはなぜ？ ………… 056
中国・四国地方

18 3県を通って通学する中学生がいるの？ ………… 058
近畿地方

19 冬に日本海側で雪が多いのはなぜ？ ………… 060
中部地方

20 関東地方に人口が集中しているのはなぜ？ ………… 062
関東地方

21 東北地方の果物がおいしいのはなぜ？ ………… 064
東北地方

22 北海道の大自然についてもっと知りたい！ ………… 066
北海道地方

②章 歴史

PART 5 原始・古代

23 人類はどんなふうに出現したの？ ………… 070
旧石器時代・縄文時代

24 文明がうまれた場所の共通点は何？ ………… 072
縄文時代・弥生時代

25 卑弥呼の邪馬台国ってどんな国？ ………… 074
弥生時代

26 天皇中心の政治はいつ始まったの？ ………… 076
古墳時代・飛鳥時代

27 古代日本ではクーデターが起こった!? ………… 078
飛鳥時代

28 律令制ってどんなものか知りたい！ ………… 080
奈良時代

29 藤原氏はどうやって権力をにぎったの？ ………… 082
平安時代①

30 律令制はなぜうまくいかなくなったの？ ………… 084
平安時代②

PART 6 中世

31 源氏や平氏ってどこから出てきたの？ ………… 088
平安時代③

32 源頼朝はなぜ幕府を開くことができたの？ ………… 090
鎌倉時代①

33 モンゴル帝国 VS 日本，どっちが勝った？ ………… 092
鎌倉時代②

34 足利尊氏はどうやって幕府を開いたの？ ………… 094
室町時代

35 戦国大名はどんなふうに登場したの？ ………… 096
戦国時代

36 信長はどうやって天下統一を目指したの？ ………… 098
安土桃山時代

PART 7 近世

37 日本は世界有数の平和な国だった!? ……… 100
江戸時代前期

38 歌舞伎や浮世絵がさかんだったのはなぜ? … 102
江戸時代後期

PART 8 近代

39 ロシアやアメリカは日本へ何しに来たの? … 106
幕末

40 なぜ富国強兵政策が行われたの? ……………… 108
明治時代①

41 なぜ日清戦争と日露戦争に勝てたの? ………… 110
明治時代②

42 民衆が立ち上がった大正デモクラシー! …… 112
大正時代

43 アメリカ発の世界恐慌で日本もピンチに? … 114
昭和時代前期①

44 第二次世界大戦ってどんな戦争だったの? … 116
昭和時代前期②

PART 9 現代

45 吉田茂は戦後最強の首相だった!? …………… 118
昭和時代後期①

46 アメリカとソ連はなぜケンカになったの? … 120
昭和時代後期②

3章 公民

PART 10 現代社会

47 グローバル化って私たちに関係あること? … 124
グローバル化

48 少子高齢化って具体的には何が問題なの? … 126
少子高齢化

49 多文化共生ってどうして大事なの? ………… 128
多文化共生

PART 11 憲法

50 憲法って法律とは何が違うの? ……………… 130
日本国憲法

51 私たちはどんな「権利」をもっているの? … 132
基本的人権の尊重

PART 12 政治

52 国会議員は「国の建築士」ってどういうこと? … 134
民主政治

53 地方と都会ってどう区別されているの? …… 136
地方自治

PART 13 経済

54 お金さえあれば何でも買えるの? ……… 140
消費生活

55 会社って一体何するところなの? ……… 142
生産活動

56 価格ってどうやって決まるんだろう? ……… 144
市場経済

57 銀行って何してるところなの? ……………… 146
金融

58 不景気ってよくないことなの? ……………… 148
景気と金融政策

59 税金って何に使われているの? ……………… 150
財政

PART 14 国際

60 SDGs って何? なぜ大切なの? ……………… 152
地球環境問題

Q&A

01 歴史が苦手。成績をアップさせる方法は? … 034

02 社会は成績が上がりやすい教科って本当? … 035

03 自分に合う勉強法って,どうしたら見つかるの? ……… 052

04 「効率がいい」勉強法で成績が上がらない。どうして? ……… 053

05 志望校はどうやって決めたらいい? ……… 068

06 やる気がまったく起きないとき,どうしたらいい? ……… 086

07 勉強開始までに時間がかかる。何かよい方法は? ……… 087

08 SNS を受験勉強にいかす方法ってある? … 104

09 わからないことをスマホで調べるのは,やめたほうがいい? ……… 105

10 高校受験は,学校の勉強だけでは不十分? … 122

11 どんな問題集を使ったらいい? ……………… 138

12 休日に計画的に勉強するには,どうしたらいい? ……… 139

13 部活を続けていても,受験に合格できる? … 154

14 受験期間中,家族に協力してもらうことは? … 155

中学生のみんなへ伝えたいこと ……… 156

さくいん＆用語集 ……… 158

いっせー先生ってどんな人!?

—— いっせー先生の中学時代について教えて！ どんな生徒だったの？

中学時代は，ゲームやマンガ，ライトノベルとかが大好きで，その感想をひたすらノートにまとめていたね。こう言うと真面目な人みたいだけど，友達と熱く語り合いたいだけだから，実際は単なるオタク。今のぼくの日々は，「偏差値35だったただのオタクが，ひょんなことから東大生に!?」という異世界転生の物語だと思っているよ。

—— 偏差値35って低いよね。そこからどうして東大を目指すことになったの？

高校時代，大学は入れるところならどこでもいいと思っていたんだけど，担任の先生にこんな話をされたんだ。
—— 人間は「なれま線」という1本の線で囲まれている。人は成長するにつれて「これにはなれないだろうな」と思うものが1つ，2つとふえていく。すると，この「なれま線」が自分のほうにどんどん近づいてきて，気がつけば1歩もふみ出せなくなってしまう。でも，実はこの線は幻想にすぎなくて，人は本来，何にだってなれるんだ——
この話を聞いて，ぼくは自分で自分の可能性をせばめていたことに気づいたんだ。そして，何にだってなれるんだったら，いっそ東大生になろうと思ったのがきっかけだよ。

—— 何にだってなれるって気づいたとき，どうして勉強を選んだの？

スポーツや音楽・美術などの芸術系って，育った環境に左右されるし，才能の有無による影響が大きい気がするんだ。だけど勉強だったら，ぼくだって学校に通っているし，何か特別な資格が必要なわけでもない。つまり，みんなに平等にチャンスがあたえられていて，あとは本人の努力次第ってこと。もちろん，勉強だって才能がものをいう部分はあるだろうけど，芸術やスポーツに比べたら，ある程度は努力で乗り越えられる気がした。だから，ぼくにはこれしかないと思ったんだよ。

高校時代のいっせー先生

—— 東大合格という目標を決めて，すぐに成績が上がったの？

そんなこと全然ない！ 高校2年の3月の模試で偏差値35だったんだぞ。高2から成績のいい人が入れる選抜クラスがあったんだけど，ぼくはそこに入れもしなかった。学校にたった1人しかいない東大志望者が選抜クラスに入れてない……というくらいひどい状況だったんだよ。

ぼくは効率のよい勉強法より，時間をかけて地道にやっていくほうが合うタイプ。勉強すれば成績が上がりやすい社会や理科で結果を出せたことで，

①総合成績 科目	得点	偏差値	平均点	最高点	最低点	順位
英語	3	26.9	40.9	112	0	591/593
文系数学	18	43.4	29.5	78	0	168/233
文系国語	49	47.1	52.6	107	10	141/233
文系総合	70	35.0	124.9	255	13	214/228

偏差値 35 だった模試の結果。英語は 3 点しか取れていない

ほかの教科も楽しくなり，がんばれるようになった気がする。すぐに結果を求めて，なかなか上がらないからとあきらめてしまうのはもったいないよ。

—— 先生は二浪したんだよね。浪人時代はつらくなかったの？　家族の反応は？

1浪目の1年間がスタートしたときが，一番つらかった。家でもつい，ネガティブなことをグチグチ言っちゃってさ。すると，母親に「あんたがネガティブなことを言うと，わたしが嫌なの！　1回100円，罰金取るわよ」と言われた。「そんなこと言わないでがんばって」とか言われるより，よっぽど言うのやめようと思ったよ。
母は，受験日が近づいてきているときは，「なるようにしかならん」しか言わなかった。そういうスタンスがすごくありがたかったね。受からなかったら恥ずかしい……というのは，子供が一番感じている。そこに親が重ねて言って追い込むのはよくないと思うな。

—— いっせー先生にとって，勉強ってどういうもの？

友達が少ないぼくにとって，勉強することが周りとのコミュニケーションの手段になったんだ。勉強をしていると，人にノートを見せる機会ができたりして，やり取りが生まれるでしょ。こんな自分でも人の役に立っているのかもしれないと思えることが，うれしかったんだ。一緒に勉強したり，時には教えたりしていると，ぼくなんかでも周りにいい影響をあたえられているような気がしてくる。それはとても幸せなことだなって思うんだ。

イツキ
ぼくも今からがんばれば東大生になれるような気がしてきたよ！

ユイ
自分で自分の可能性をせばめているって，わたしもそうかもって思った。

リン
勉強することがコミュニケーションの手段になるって，目からウロコでした。

いっせー先生もつまずいていた！？
自分に合う**勉強法**の**見つけ方**❶

中高生時代のいっせー先生は，どうやってスランプから抜け出したのかな？

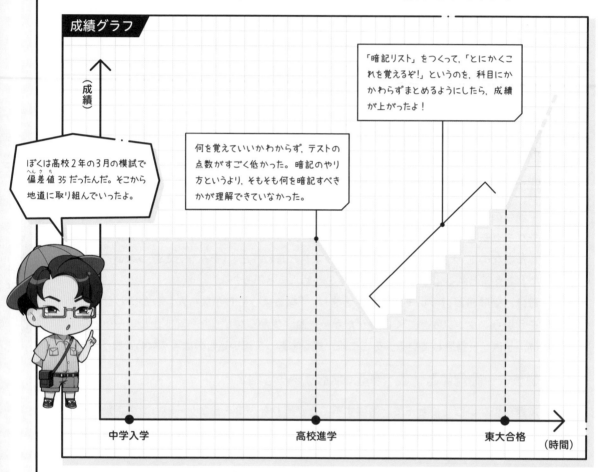

成績グラフ

（成績）

ぼくは高校2年の3月の模試で偏差値35だったんだ。そこから地道に取り組んでいったよ。

何を覚えていいかわからず，テストの点数がすごく低かった。暗記のやり方というより，そもそも何を暗記すべきかが理解できていなかった。

「暗記リスト」をつくって，「とにかくこれを覚えるぞ！」というのを，科目にかかわらずまとめるようにしたら，成績が上がったよ！

中学入学　　　　高校進学　　　　東大合格　　（時間）

今の自分が中高生時代の自分にアドバイスするなら…

ゴールが明確でないまま勉強すると，ろくなことにならないよ。まずは，「何を覚えるべきか」を明確にして，やるべきことをまとめてから努力するようにしよう！

先生もいろいろ悩んで，自分に合う勉強法を発見したんだね。

自分に合う勉強法がすぐに見つかるといいね！

中高生時代に勉強でつまずいてしまうのは，自分に合わない勉強法を
実践（じっせん）しているからかもしれない。
いっせー先生は，どうだったのかな？

得意教科と不得意教科，いっせー先生はそれぞれどのように勉強していたのかな？

得意教科の勉強法

得意教科は社会。特に世界史と地理

教科書を2冊，参考書を5冊用意して，同時進行で読んでいった。

同じことでも，それぞれ書いてある内容が微妙（びみょう）に違（ちが）ったり，説明の切り口が違ったりするので，理解が深まったよ。

ふむ
ふむ

なんでこうなる？
そういうことか！

不得意教科の勉強法

不得意教科は英語。特にリスニング

特に苦手なリスニングについては，がむしゃらに問題に取り組んでみたものの成績は上がらず……。

問題文からヒントを探し，文字情報から推測する方向で勉強したら，成績が上がり始めたよ。

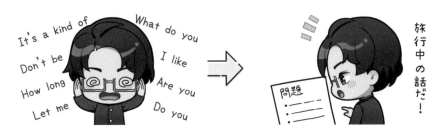
It's a kind of
What do you
Don't be
I like
How long
Are you
Let me
Do you
問題
旅行中の話だ！

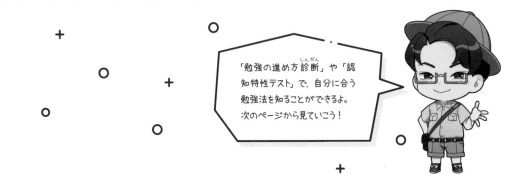
「勉強の進め方診断（しんだん）」や「認知特性テスト」で，自分に合う勉強法を知ることができるよ。次のページから見ていこう！

いっせー先生もつまずいていた!?
自分に合う勉強法の見つけ方 ❷

診断テストで自分の「学び型」を知ろう！

 自分の「学び型」がわかる，"勉強の進め方診断"があるんだって‼

 勉強の進め方診断？　何それ？

 自分の「学び型」に合う勉強法を実践すれば，効果が出やすいんですね。

診断テストって何？

　勉強の進め方診断は，「その人がどんなふうに勉強を進めていくと，勉強がうまくいきやすいのか」をまとめたものだよ。真面目にコツコツ進めたいタイプの人もいれば，気分次第で進めたい人もいるよね。細かいことが気になる人もいれば，大ざっぱな人もいる。勉強は，自分のタイプに合わせて実践していくのが一番なんだ。「FFS診断」という理論を参考につくられているよ。

どんな「学び型」があるの？　それぞれの特徴は？

	積み上げる勉強	応用問題	問題を解くスピード	その他の特徴
弁別保全型	得意	苦手	ゆっくりていねいに解くのが合っているが，わからないところがあると時間がかかりがち。	自分にとって意味があると思える勉強ならがんばれるタイプ。
弁別拡散型	苦手	挑戦したい！	パパッと解くのが得意だが，その分ミスも多くなりがち。また，わからないところを無視しにくい。	宿題など，他人からおしつけられた勉強に取り組むのが苦痛なタイプ。
感情保全型	得意	苦手	ゆっくりていねいに解くのが合っていて，早く解くのが苦手。	自分が苦手なところと向き合い，間違いを認めて反省できるタイプ。
感情拡散型	苦手	挑戦したい！	パパッと解くのが得意だが，その分ミスも多くなりがち。	「これ楽しい！」と思える勉強はするが，嫌いなものはできないタイプ。

弁別：白黒はっきりさせたいタイプ　　　　保全：慎重にコツコツと進めるタイプ

感情：気持ちに左右されがちなタイプ　　　拡散：活発で行動力があるタイプ

自分の「学び型」を知らないまま，合わない勉強法を続けていると，
スランプにおちいることがあるよ。
ここでは，「学び型」について見ていこう！

診断テストで判明した，いっせー先生の「学び型」は…？

いっせー先生

覚える内容を整理し，ていねいに積み上げていったいっせー先生。その特徴は学び型にも表れていたよ。

「学び型」診断結果

感情保全型

弁別保全型
「こうなったらどうしよう」と考えて，入念な事前準備ができるタイプ

 弁別

弁別拡散型
徹底的に合理的な自分の勉強スタイルを構築するタイプ

イツキくんはここ！

リンさんはここ！

 保全

拡散

リストをつくって，ひとつずつおさえる勉強法が成績アップにつながったんだね！

 いっせー先生はここ！

 ユイさんはここ！

勉強をコツコツ積み上げていくことができるタイプ

感情保全型

感情

自分が好きだと思う勉強を徹底的に追求するタイプ

感情拡散型

自己分析

たしかにぼくは，コツコツ何かを積み上げていくことは得意だけど，何をがんばればいいかわからなかったり，応用が苦手だから簡単な問題ばかり解いてしまったりする傾向があるね。

きみの「学び型」はどれかな？

右の QR コードを読み取り，診断テストを受けてみよう！
きみの学び型に合う勉強法を紹介するよ。

いっせー先生もつまずいていた!?
自分に合う勉強法の見つけ方 ❸

"認知特性テスト"で自分に合う「覚え方」を見つけよう！

 "認知特性テスト"で，自分に合う「覚え方」を知ることができるんですって！

 何それ？　心理テストみたいなもの？

 自分に合う「覚え方」，めっちゃ知りたいけど，「認知特性」って？

「認知特性」って何？

認知特性とは，「外界からの情報を頭の中で理解したり，記憶（きおく）したり，表現したりする方法」についての得意・不得意のこと。

たとえば，絵を見て理解するのが得意な人もいれば，文章を読んで理解するのが得意な人，聞いて理解するのが得意な人もいる。理解や記憶，表現をするときのやりやすい方法は，人によってそれぞれ違（ちが）っているんだよ。

視覚優位タイプ 👁	映像やイラストで覚えるのが得意なタイプ。 イラストや図解が豊富な参考書を選ぶと効果的。
言語優位タイプ 📖	文字を読んで覚えるのが得意なタイプ。 2番目に優位なのが視覚なら，教科書や参考書を黙読（もくどく）するのが効果的。 2番目に優位なのが聴覚（ちょうかく）なら，音声講義つきの参考書が効果的。
聴覚優位タイプ 👂	耳で聞いて，音で覚えるのが得意なタイプ。 教科書や参考書を音読するのが効果的。

人によって「聴覚×言語タイプ」など，さまざまなタイプが存在するそうですよ。

ぼくも認知特性テストを受けてみたよ！

不得意教科の成績がなかなか上がらないのは，自分の「特性」（その人特有の性質）に合わない「覚え方」をしているからかもしれないよ。
ここでは，「認知特性」について見ていこう！

認知特性テストによる，いっせー先生の診断結果は…？

いっせー先生

リスニングが苦手だったいっせー先生。それって自分の特性と関係があったみたい。

「認知特性」診断結果

言語優位タイプ

言語 ◎

文字で読んだ情報を頭の中で整理していくのが得意なタイプだから，複数の参考書を読み比べる勉強法が合っていたんだ。読み比べることで，できごとや国どうしの関係を自分なりに整理して記憶していたんだね。

👁 視覚

10
8
6
4
2
0

視覚 ○

聴覚よりも視覚が優位だから，簡単なイラストや図解をそえてノートにまとめる勉強法も効果的だよ。

9

2

4

📖 言語

🎧 聴覚

聴覚 △

音で覚えるのが苦手なタイプだから，リスニングが苦手だったのは仕方がない。それでもリスニングがたくさん出題される東大に合格できたのは，たくさん努力した証拠！

自己分析

ぼくは参考書を何冊も買って，書いてある説明の違いを楽しみながら勉強をしていたな。「言語優位」だからこそ，ことばから学ぼうとする思考が強かったんだなと思うよ。

きみは何タイプかな？

右のQRコードを読み取り，認知特性テストを受けてみよう！
きみの特性に合う勉強法を紹介するよ。

地理

社会は地理と歴史と公民にわかれるけど，まずこの章では地理を学ぶよ！ ところで「地理」ってどういう意味か知っている？「地上で起こっていることに理由づけをする科目」なんだ。つまり，日常生活の謎(なぞ)を解明する科目だと言えるよ。楽しんで勉強してほしいな！

ISSEI

ちょうど都道府県とかそういうの覚えなきゃいけないタイミングだったから，ちゃんと聞いておこう！

日常生活とつながっている，ということであれば，社会に出てからも役に立つ可能性がありますね。しっかり勉強しましょうか。

PART 1	世界の姿	020
PART 2	日本の姿	028
PART 3	世界の諸地域	036
PART 4	日本の諸地域	054

世界の地表のうち，7割が海なの？

 さて，じゃあまずは，世界地図（図1）の話から始めようか。

 世界地図なんて，さすがにあたしたちわかってると思うけど……。

図1

 まあ，そう思うよな。でも，世界の意外な話を知らないかもしれないよ？たとえば，この地球上において，何割くらいが陸で，何割くらいが海だと思う？

陸のほとんどは北半球に分布しているんだね！

 んー，普通（ふつう）に考えると陸が7割くらいで，海が3割くらいなんじゃないの？

 実は，海が地表の 7 割をしめるんだ。陸は 3 割しかない。

 えっ！ 陸ってそれだけしかないの!?

 そうなんだよ。ぼくたちがふだん生活しているのが陸だから，陸ばっかりだと思いがちだけど，海の割合のほうが多いんだ。
三大洋といって，**大きい順に太平洋，大西洋，インド洋**，となっている。これらが地球を覆（おお）っているんだ。ちなみに，「太平洋」の「太」は「ふとい」の字だけど，「大西洋」の「大」は「おおきい」の字なので，間違（まちが）えないように。

 へえ，そうなんだー。

 そして，陸にはおもに6つの大陸がある。これも覚えておこう。
まずはぼくらが今いる日本から最も近くて，一番大きな大陸が ユーラシア大陸 。
次に**アフリカ大陸**，アメリカがある 北アメリカ大陸 と，その南の**南アメリカ大陸**，**オーストラリア大陸**，そして**南極大陸**が存在しているよ。

 南極って氷じゃないの？ ってか北極は？

 南極は実は陸があって，その上に氷があるんだ。逆に北極は，海の上に氷が浮（う）いているだけなんだ。だから，大陸というあつかいではないんだよ。

そ，そんな違いがあったんだ……。

 で，世界地理では大まかに6つの州にわけて勉強するので，これも覚えたいね。**アジア州，ヨーロッパ州，アフリカ州，北アメリカ州，南アメリカ州，オセアニア州**だ。
ユーラシア大陸の中でも，ウラル山脈を境にして，ヨーロッパ州とアジア州とでわかれている。オセアニア州はオーストラリア大陸と小さな島国の総称だよ。覚えてね！

📝 練習問題

解答解説 ▶▶ 別冊2ページ

1 次の地図中のア〜ウの海洋名と，A〜Eの大陸名を答えなさい。

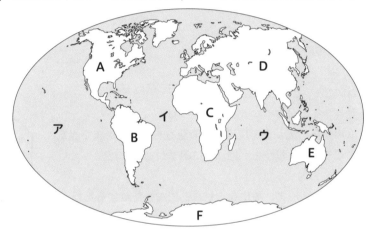

ア _____	イ _____	ウ _____
A _____	B _____	C _____
D _____	E _____	

2 1のD大陸には，何州と何州があるか。2つ答えなさい。

_____ _____

3 1年中氷に閉ざされている1のF大陸を何というか，答えなさい。

_____

地球：太陽系に属する惑星。ほぼ球体に近い形をしていて，1日に1回自転する。
大陸：地球上にある，面積が広い陸地のこと。
南極点：南緯90度の地点。地球の自転の軸の南端に位置している。
北極点：北緯90度の地点。地球の自転の軸の北端に位置している。

地球って傾いてて大丈夫なの？

 ねー，いっせー先生ー。地球って傾いてるってほんと？

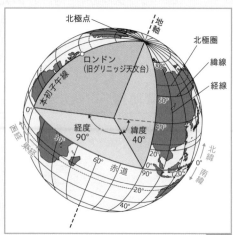

図1

 うん。傾いてるよ。ここに地球儀があるんだけど，傾いてるでしょ？ 地球の自転の軸は，太陽に対して23.4度傾いている（図1）。

 それって大丈夫なの？ 傾いてたら，いつか地球がこわれたり，ぼくらが投げ出されたりしちゃうんじゃないの？

 こわれないこわれない。というか逆に，傾いてなかったら夏とか冬とかなくなっちゃうからね。
傾いていると，太陽からの光がモロに当たる時期もあれば，あまり当たらない時期も出てくるわけ。だから，地球には四季があるんだ。

思ったよりも傾いてるんだねぇ〜。

 太陽の光の当たり具合によって，夏になったり冬になったりするんだ。

 そして，夏に1日中，日が沈まない現象が起こることもある。高緯度の地域で見られる， 白夜 だね。逆に，ずっと日が昇らない 極夜 とよばれる現象もある。

 ……そもそも緯度って何？

 地球儀を見たときに，緯度は横の線，経度は縦の線で表すんだ。で，経度0度のラインを 本初子午線 といって，緯度0度のラインを 赤道 とよぶんだよ。そして，赤道より上が北半球，下が南半球となるから，北半球の緯度は北緯，南半球の緯度は南緯とよばれるね。

 なるほど！ で，この地球儀の上のほうとか下のほうとかだと，白夜とか極夜とかが起こったりするわけね。

 そうそう。で，こういう高緯度の地域が，北極とか南極とかになるわけだ。東京は，北緯36度くらいだね。

 ふーん。いつかは行ってみたいなぁ，北極。

お，イツキくんは北極に興味があるのかい？ たしかにオーロラとかが出て，きれいだけ
どね。

 北極グマとかいるんでしょ？ 動物園でしか見たことない。

 そういう理由か。

 練習問題　　　　　　　　　　　　　　　　　　　　解答解説 ▶▶ 別冊 2 ページ

1　次の図を見て，右の問いに答えなさい。

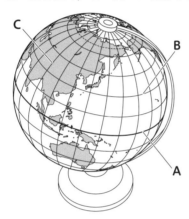

（1）地球儀の真ん中に東西に書かれた A の線を何というか，答えなさい。

_____

（2）A 線と平行に書かれている B などの線を何というか，答えなさい。

_____

（3）A 線と垂直に書かれている C などの線を何というか，答えなさい。

_____

2　日本列島は北半球にあるか，南半球にあるか，答えなさい。　　_____

3　次の問いに答えなさい。

（1）1 日中，太陽が昇らない日のことを何というか，答えなさい。

_____

（2）1 日中，太陽が沈まない日のことを何というか，答えなさい。

_____

（3）（1）・（2）のような現象は，高緯度の地域で発生するか，低緯度の地域で発生するか，
答えなさい。

_____

白夜（極夜）：北半球が夏至のころ，北極圏では夜に太陽が地平線に沈まない白夜，南極
圏では太陽が地平線から昇らない極夜となる。
本初子午線：経度 0 度の線。この線を基準とした時刻が世界時で，世界各国の標準時の
基準となっている。

世界はどんな気候にわけられる？

さて今回は，世界の気候区分について話そうか。日本は夏に暑くなって冬に寒くなるけど，こんなふうに**四季があって季節がはっきりしている**気候帯のことを，温帯 とよぶよ（図1）。
日本の大部分はこの温帯の中でも温暖湿潤気候とよばれる，1年間を通して気温の変化が大きくて，雨の多い気候に属しているんだ。

図1

日本の大部分……ってことは，そうじゃないところもあるの？

あるよ。北海道がそうだね。北海道は**夏は涼しくて過ごしやすいかわりに冬の寒さが厳しい気候**で，冷帯（亜寒帯）とよばれる気候区分になるんだ。
この気候帯では，気温が高い夏の間に樹木がよく育つから，ユーラシア大陸の北側では タイガ とよばれる針葉樹からなる森林が広がっている。あと，冷帯（亜寒帯）は北半球でしか見られないんだ。

赤道から高緯度へ向かうほど寒くなるよ。

えっ，そうなんだ！

冷帯（亜寒帯）は北半球ではだいたい北緯40度より北の地域にあたるんだけど，南半球では南緯40度より南にはほとんど陸地がないからね。

へぇ〜！ でもたしか南極大陸がなかったっけ？

どうしたんだい？ 今日はさえてるね。ちなみに南極大陸は 寒帯 とよばれる，**より寒さの厳しいところで，あまりに寒すぎるせいで樹木が育たない**んだ。

うわぁ。もう寒いところはいいや。あとはどんなのがあるの？

暑いところだと，赤道直下の国々は，地球が回転してもずっと太陽の角度が高いから，**1年中気温が高くて雨が多い**。気候区分では，熱帯 とよばれているね。
あと，熱帯をはさむようにして 乾燥帯 が分布してる。**乾燥帯では，ほとんど雨が降らなくて**，人々はオアシスという水のわき出る場所に集まって生活している。とくに雨の降らない砂漠では，乾燥しすぎるせいでやっぱり樹木が育たないんだ。

✎ 練習問題　　　　　　　　　　　　　　　　　解答解説 ▶▶ 別冊 3 ページ

1 次の表中の①～⑨にあてはまる数字や言葉を答えなさい。

寒帯	1 年のほとんどが雪に覆われている。緯度が ① く，1 日中夜になる ② や昼になる ③ が見られる。北極周辺や南極に広がる。
冷帯	1 年の ④ 差が激しいが，夏は月の平均気温が 10 度を上回る。 ⑤ 大陸や北アメリカ大陸に多い。
乾燥帯	樹木が育たない ⑥ が多く，雨が少ない。アフリカ北部やアラビア半島・ユーラシア大陸の内陸部に多い。
熱帯	1 年中気温が高く， ⑦ が多い。 ⑧ の付近やその周辺地域に多い。
温帯	1 年を通して温暖で， ⑨ の変化がある。日本もふくまれ，ユーラシア大陸や南北アメリカ大陸に多い。

① _____　　② _____　　③ _____

④ _____　　⑤ _____　　⑥ _____

⑦ _____　　⑧ _____　　⑨ _____

2 次の世界地図を見て，A ～ E にあてはまる気候帯を答えなさい。

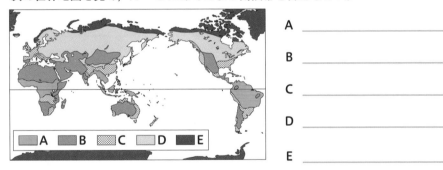

A _____

B _____

C _____

D _____

E _____

3 赤道から北極へ向かって次の 4 つの気候帯はどのような順に並んで分布するか，赤道に近いものから順に並べなさい。

〔 温帯　寒帯　熱帯　冷帯 〕

_____ → _____ → _____ → _____

オアシス：砂漠の中で水が得られる場所で，人が集まり，なつめやしや小麦などを栽培するオアシス農業が行われている。

サヘル：サハラ砂漠の南側に広がる乾燥帯で，近年では砂漠化が問題になっている。

日本が 12 時のときパリは 4 時なの？

 いっせー先生！ さっきパリのいとこに電話したら，「こんな朝はやくに電話してくるな！」って怒（おこ）ってきたの！ ひどくない!? もう 12 時だよ！ フランスの人は朝寝坊（あさねぼう）なの？

 いや，そうじゃないなぁ。日本とパリでは， 時差 があるんだよ。日本は 12 時でも，パリでは本当に朝の 4 時なんだよ。

 えっ？ 時差？

 地球は 自転 していて，だからこそ朝と夜がある。太陽の光が当たるタイミングが朝〜夕で，当たらないタイミングが夜だね。
で，日本で太陽が当たっていると

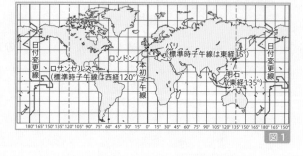
図1

いうことは，地球の反対側にあるブラジルなんかには太陽が当たっていないことになるよね。

 ああ，そっか！ じゃあ日本が朝でも，違（ちが）う国ではまだ夜だったり，夕方になってたりするかもなんだ！

 そういうこと。だから，**経度（けいど）によって時刻に差を設けている**んだ。これを，時差とよぶよ。
本初子午線（ほんしょしごせん）から東西へ進んで，経度が 15 度 ずれるごとに，**1 時間の時差が生じる**ようにしているんだ。

 フランスの時刻の基準は東経 15 度で，日本が 東経 135 度 だから，経度の差は 120 度。120 度 ÷15 度 ＝ 8 時間。
パリのほうが 8 時間，時間がおくれているんだね（ 図1 ）。

 そういうことになる。逆にアメリカのロサンゼルスの時刻の基準は西経 120 度。日本との差は，135 度 ＋ 120 度 ＝ 255 度。だから 255÷15 ＝17 時間となる。
さて，ここで問題だけど，日本が日曜日の午後 6 時のとき，ロサンゼルスは何時？

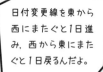 日付変更線を東から西にまたぐと1日進み，西から東にまたぐと1日戻るんだよ。

 ええっと……。あれ，この場合，時差が 17 時間として，時計が進んでるんだっけ？ それともおくれてるんだっけ？

そこで悩むよね。正解は「おくれている」んだ。だからロサンゼルスは，日曜日の午前1時になるよ。

 練習問題　　　　　　　　　　　　　　　　　　　　　解答解説 ▶▶ 別冊 3 ページ

1 A さんがイギリスのロンドンへ旅行することになった。日本を 12 月 6 日の午前 10 時に出発する飛行機でロンドンに向かい，飛行機のフライト時間は 13 時間であった。次の問いに答えなさい。

(1) 時差を計るときに用いるのは，緯度と経度のどちらか，答えなさい。

_____

(2) A さんが日本を出発したときのロンドンの日時を答えなさい。なお，日本の標準時子午線は東経 135 度で，ロンドンの標準時子午線は 0 度とする。

_____

(3) A さんが予定どおりロンドンに 13 時間かかって着いたときの，ロンドンの日時を答えなさい。

_____

(4) A さんが予定どおりロンドンに 13 時間かかって着いたとき，日本の家族に電話をかけた。そのときの日本の日時を答えなさい。

_____

2 時差について述べた次のア〜エのうち，適切なものを 2 つ選んで，記号で答えなさい。

ア　国土の広いロシア連邦には複数の標準時があり，標準時の基準が東経 45 度のサンクトペテルブルクは，東経 120 度のイルクーツクよりも 5 時間はやい。

イ　国土の広いアメリカ合衆国には複数の標準時があり，ニューヨークとアラスカ州では，日本に近いアラスカ州のほうが日時がはやい。

ウ　日本と，地球上の正反対の地点に近い南アメリカ州のブラジルやアルゼンチンとの時差は 12 時間前後である。

エ　日本はアフリカ州のすべての国より日時がはやい。

_____

 経度：ロンドンの旧グリニッジ天文台を通る本初子午線を 0 度として，東西をそれぞれ 180 度にわけたもの。本初子午線よりも東側を東経，西側を西経という。
日付変更線：太平洋上のほぼ経度 180 度の経線に沿って南北に走っている線のこと。

日本は7つの地方にわけられる！

 さて，小学校の復習だ。ユイさん，日本の7地方（図1）を答えられるかな？

 北海道と沖縄とそれ以外！！

 大ざっぱすぎる！ 7地方じゃない上に，沖縄だけで1地方になってるし！ これだけは絶対覚えてくれ！ **北海道地方，東北地方，関東地方，中部地方，近畿地方，中国・四国地方，九州地方** だよ！ 沖縄は 九州地方 にふくまれるよ！

 なんだ。北海道地方はあっても，沖縄地方はないんだね。

 まあ，北海道って日本の国土面積の約 22 ％をしめるからね。7地方の中で一番大きいのは 北海道地方 だったりする。だから，北海道だけ特別だと思えばいいさ。

 人口が多いのはどの地方？

 1位は 関東地方 で，次は 近畿地方 だね。首都の東京がある関東地方は，日本の人口の約35％をしめているよ。マジでここらへんはしっかり覚えてね！！

 いろんな地方があるんだね。はいはい，覚えますよー。

 たのんだよ，本当……。さて，そしてもう1つ確認したいことがある。 まず，それぞれの地方にはいろんな特徴がある。北海道だと雪が多くて，酪農がさかん，みたいなね。

 沖縄だと海がきれいでサイコー！ とかでしょ？

 ユイさんはさっきからの口ぶりで考えると，沖縄が好きなんだな？ ただ，1つの特徴だけで100％考えるのは危険，というのは覚えておいてほしい。それぞれの地域に人口が分散しているから，特徴を特定できないものも存在する。

北海道地方

東北地方

中部地方

中国・四国地方

関東地方

近畿地方

九州地方

図1

 沖縄は九州地方……。 沖縄は九州地方……。

たとえば，牛乳は酪農がさかんな北海道でつくられる場合が多いけれど，人口の多い関東地方でつくられることも，近畿地方や中部地方でつくられることもある。

 言われてみればあたり前だけど，問題になるとわかんなくなりそう……。

 社会は日常生活に根ざした科目だから，そういう「あたり前」な感覚をもって勉強してね！

練習問題

解答解説 ▶▶ 別冊 4 ページ

1 次の地図中の A ～ G の地方の名前を答えなさい。

A _____

B _____

C _____

D _____

E _____

F _____

G _____

2 1 の A ～ G の地方のうち，人口が一番多い地方（①）と，面積が一番大きい地方（②）の名前を答えなさい。

① _____ ② _____

3 次の都道府県は，7 地方区分のうちどの地方にふくまれるか，答えなさい。

① 鳥取県 _____ ② 福島県 _____

③ 和歌山県 _____ ④ 静岡県 _____

⑤ 宮崎県 _____

 沖縄：美しい自然や文化をいかした観光業がさかん。太平洋戦争後，アメリカの統治下に置かれ，1972 年に日本に復帰したことから，今でもアメリカ軍の専用施設が多い。
酪農：乳用牛を飼育し，牛乳や乳製品を生産・販売する産業。おもな生産物はバター，チーズ，ヨーグルトなど。

日本って国土の7割以上が山なの？

 ねー，いっせー先生。日本の国土って7割以上が山ってマジ？

 うん。マジだよ。日本は4分の3が山だよ。

 えー，でもそんなに多いって実感がわかないんだけど……。

 まあ，そうだよねえ。日本列島（図1）って，　環太平洋造山帯　に位置しているから山が多いんだ。

図1

 まず，環太平洋造山帯（かんたいへいようぞうざんたい）が全然わかんないわ。

 すごいざっくり説明すると，大陸とか島とかって，地球の真ん中あたりにあるマントルという熱いものがとけ出して，マグマがわいたりしてできるんだ。

 ああ，マントルは聞いたことある。なんか，めっちゃ熱いんでしょ？

火山が多い九州地方では，地熱発電がさかんだよ。

 そうそう。ふだんは　プレート　という板状の岩石の塊（かたまり）がそれをおさえているんだけど，そのプレートが重なったりぶつかったりする境目のところで，マグマが噴出（ふんしゅつ）する。それが海水で冷やされて，大陸になったり島になったりする。
火山の噴火も，同じように地中深くのマグマが噴（ふ）き出す現象なんだよね。

 へー。で，それがどうなったの？

 で，そのプレートが運動していて，マグマが噴き出したりしやすいのが造山帯ってやつで，その1つが環太平洋造山帯なんだ。だから　地震　も多いし，山も多いし，火山も多いし，温泉も多い。

 温泉だけ多かったらうれしいんだけどねー。

 日本には新潟県糸魚川（いといがわ）から長野県・山梨県をへて静岡市内まで，総延長約250kmの断層（だんそう）があるといわれている。この断層の東の「溝」（みぞ）を　フォッサマグナ　っていうんだ。

ここら辺には，日本アルプスっていわれる標高の高い山脈もあったりするね。

 ほーん。やっぱり日本って山が多いんだね。

 まあ，山といっても，ちょっとした丘_{おか}だったり，山の麓_{ふもと}になっているところもふくめて「山」といわれているわけなんで，そう考えると7割以上が山っていうのもちょっと納得できるかもしれないね。

✏️ 練習問題　　　　　　　　　　　　　　　　　　　　　　解答解説 ▶▶ 別冊4ページ

1 次の文章と地図を見て，下の問いに答えなさい。

日本は，陸地のおよそ4分の3が山地と丘陵地_{きゅうりょうち}からなっている。
本州の中央部には，3000m前後の山脈である，　①　山脈・　②　山脈，　③　山脈がそびえており，これらはまとめて　④　とよばれている。
さらに，　④　の東側には，新潟県糸魚川市と静岡県静岡市を結ぶ断層面を西の端_{はし}とする，　⑤　という溝状の地形があるといわれている。

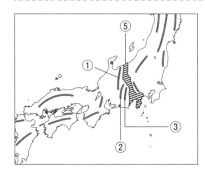

(1) 文章と地図中の①～③にあてはまる山脈の名前をそれぞれ答えなさい。

① _____

② _____

③ _____

(2) 文章中の④にあてはまる語句を答えなさい。

_____

(3) 文章と地図中の⑤にあてはまる語句を答えなさい。

_____

 環太平洋造山帯：太平洋をとりかこむように，南アメリカのアンデス山脈から日本列島を通ってニュージーランドまでつらなる地帯。火山活動が活発で，地震_{じしん}が多い。
フォッサマグナ：本州の中央部にのびる溝状の地形。西の端の断層面を境目として，日本列島は東日本と西日本にわかれる。
日本アルプス：中央高地を南北に走る飛驒山脈_{ひだ}，木曽山脈_{きそ}，赤石山脈_{あかいし}を合わせた名称_{めいしょう}。

1年中かぼちゃが食べられるのはなぜ？

 みんな，かぼちゃはいつが旬の食べ物なのか知ってる？

 え，年中食べてるけど……。

 なんかたしか，夏くらいじゃなかったっけ？

 そのとおり。かぼちゃは，夏から秋くらいに収穫するのが通例なんだ。でも，イツキくんの言ったとおり，年中かぼちゃを食べたいという人もいる。どうしてぼくたちは，1年中かぼちゃを食べられるんだと思う？

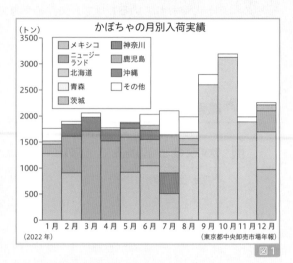

かぼちゃの月別入荷実績

(トン)
凡例：メキシコ／ニュージーランド／北海道／青森／茨城／神奈川／鹿児島／沖縄／その他
1月 2月 3月 4月 5月 6月 7月 8月 9月 10月 11月 12月
(2022年)　(東京都中央卸売市場年報)
図1

 なんだろ。保存でもしているのかな？

 たしかにそうなんだけど，たとえばちょっと寒いところだったら収穫時期を後ろにずらすことができるよね？ 抑制栽培 といって，通常の時期よりもおくらせて出荷する栽培方法がある。

 なるほど……。そんな方法が。

 かぼちゃはあまりないけれど，その反対で，収穫時期をはやめる 促成栽培 というのもある。これらの栽培方法は，市場にあんまりその品物がない「端境期」とよばれる時期に出荷することができるんだ。これで，いつもよりも高く売ることができたりするんだよね（図1）。

 ふーん。でも，ちょっとずらしたくらいで，1年中食べられるものなの？

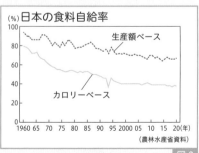 たしかに，日本だけだったら難しい。でも，海外でつくったものを買うという方法があるのさ。かぼちゃはニュージーランド産が多いんだけど，ニュージーランドは日本に対して季節が逆なんだよね。あっちだったら，12月が暑い夏，7月が寒い冬の時期になるんだ。だから，日本で栽培できない時期に，かぼちゃがつくれるわけだね。

(%)日本の食料自給率
生産額ベース
カロリーベース
1960 65 70 75 80 85 90 95 2000 05 10 15 20(年)
(農林水産省資料)
図2

寒い時期はほとんど輸入品なんだね！

ふーん。でも，そんなに海外から輸入してて大丈夫なの？

そうだね。 貿易自由化 のおかげで，ぼくたちは食べたいものを食べたいときに食べることができるようになったんだけど，輸入ばかりにたよっていると，問題が発生することがある。いざニュージーランドで生産ができなくなったり，輸入できないような事情が発生したら，我々はかぼちゃを一定期間食べられなくなってしまうからね。
自分たちの国でその食料をどれくらいつくっているかの指標を 食料自給率 （図2）というんだけど，この値が低いと，いざというとき日本は食料難になってしまうわけだね。

 練習問題

解答解説 ▶▶ 別冊5ページ

1 次の表を見て，右の問いに答えなさい。

Xの生産（2021年）

都道府県	％
高　知	13.2
熊　本	11.2
群　馬	9.2
茨　城	6.1
福　岡	6.0
計29.8万トン	

（『データでみる県勢』2023）

(1) Xにあてはまる野菜を次の語群から選んで，答えなさい。
〔 レタス　なす　トマト 〕

(2) Xは本来，夏に多く出回る野菜である。促成栽培がさかんな高知県産のXはおもにどの季節に出荷されるか，次の語群から選んで，答えなさい。
〔 夏　秋　冬から春 〕

2 右のグラフは東京へ出荷される「なす」の月別入荷量（高知県産とその他）と価格を示したものである。このグラフの，「旬の時期の前，全国からの入荷量が少なくなる時期」のことを何というか，答えなさい。

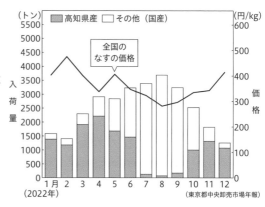
（東京都中央卸売市場年報）

抑制栽培：涼しい気候を利用して，ほかの地域よりも出荷時期をおくらせる栽培方法。野辺山原（長野県）のレタス，嬬恋村（群馬県）のキャベツなどが有名。
貿易自由化：輸入量を制限したり，輸入品に高い関税をかけたりすることをやめて，自由な貿易をうながすこと。
食料自給率：一国が消費する食料を，どれだけその国で生産しているかを示す割合。

歴史が苦手。
成績をアップさせる方法は？

いっせー先生，正直言って歴史が苦手。
何から始めていいかわかんないよ。

ユイ

 そんなユイさんには，歴史マンガを
読むことをおすすめするよ！

いっせー先生

えっ，マンガ!? マンガ大好き！

じゃあ，ますますおすすめだね。
歴史はいきなり時代別に覚えていくより，最初に
大まかな流れをつかんでから，細かいところを暗
記したほうがいい。

マンガで一通り流れを追えたら，出てきた細
かい内容を，一問一答形式の問題集などを解
きながら暗記していこう。
できごとどうしの結びつきや関連性について
説明できるようになれればバッチリだけど，
それもマンガの展開がヒントになるはずだよ。

さっそく読んでみるよ！

COMMENTS

くめはら先生

ぼくが中学生のころの勉強法と，いっせー先生おすすめの勉強法が
驚くほど同じでびっくりした（笑）！ マンガ好きにはすごくおすす
めの方法だね！ もしマンガが合わないって人は，歴史モノの
YouTube や小説でもいいかも！

社会は成績が上がりやすい教科って本当?

イツキ

いっせー先生，社会はほかの教科に比べて成績が上がりやすいって本当なの？

いっせー先生

イツキくん，本当だよ！
全教科まんべんなく勉強したとして，成績が先に上がり始めるのは社会と理科。この2教科は，内容を覚えれば覚えるほど点数を取れるようになる。

ほかの教科はどうなの？

英語と国語は，暗記中心では攻略（こうりゃく）できないから，成績が上がるまでに時間がかかるんだ。
だから，この2つははやくからコツコツやっておいたほうがいいね。

ただ，社会についての知識がふえてくると，世界に目が向いたり，文化に関心がわいたりするせいか，英語や国語もちょっとずつ楽しくなってくるよ。

へえ，相乗効果（そうじょう）ってやつだね！

マジ神

COMMENTS
こーさく先生

数学が話題になっていない！ 悲しい……っていうのは，まあ冗談（じょうだん）で，数学も英語や国語と同じタイプになるかなあ〜。あと，いっせー先生も言っているとおり，社会を勉強すると，テレビでニュースとかを見ててもわかることがふえるから，楽しいよ！

地理 東アジア

世界人口の6割がアジアに住んでいる？

 ユイさんは，世界人口の何割がアジアにいるか知ってる？

 えっ？ まあアジアって広いけど，アメリカとかヨーロッパとかもあるから，大体3割くらいなんじゃないの（図1）？

 なんとびっくり，実は約6割がアジアにいるんだ。
アジアは雨が多く気温が高い，高温多雨な気候だ。だから，米を栽培することができる国が多く，米を主食として食べているんだ。米は栄養価

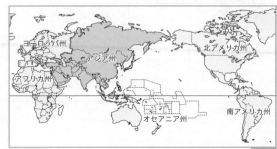
図1

が高くて貯蔵もきくから，昔からたくさんの子供がうまれても子供を育てやすかったんだ。

 なるほど！

 とくに人口が多いのは中国とインドだね。中国はかつて一人っ子政策といって，一人っ子を推奨していた時期もあるくらい人口が多いよ。
そしてアジアは，日本がある東アジア，島国が多くて赤道が近い東南アジア，インドのある南アジア，そして石油が産出して砂漠が広がっている西アジアと中央アジアに分類できるよ（図2）。

 一口にアジアといっても，こんなにあるんだね。

 さらに，中国をはじめ，多くの国がどんどん経済発展していることでも有名だね。中国沿岸部には 経済特区 が設けられ，外国企業の積極的な受け入れを行った。人口も多いから人件費も安く，「中国でどんどん工業製品をつくろう！」という流れが起こった。それによって，1990年代から急速な経済成長が起こって，世界中に工業製

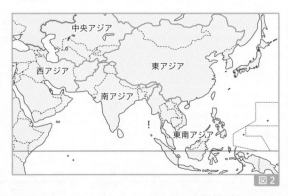
図2

品を輸出する 世界の工場 とよばれるようになったんだ。みんなが使っているスマホとかも，けっこう多くのものが中国産だよ。

 へぇ～！ そうなんだ！ ウチのも中国でつくられたのかなあ。

そうやって経済発展したことで，今度は輸出用でつくっていた製品を中国国内でも消費するようになった。海外向けに売っていた車とかを，今度は中国人が乗るようになった。これによって，今度は 世界の市場 とよばれるようになったんだ。

 ふーん。ちなみに，アジアの中で中国以外に経済発展している地域ってどんなところがあるの？

 日本はもちろんのこと，東南アジアやインドも発展している。あとおさえておいてほしいのは， アジア NIES （新興工業経済地域）だな。
1960 ～ 1980 年代に経済発展した，韓国・シンガポール・台湾・ホンコンの 4 つの国と地域のことを指すので，覚えておいてね！

 練習問題

解答解説 ▶▶ 別冊 5 ページ

1 中国は，沿岸部の一部を特別な地区に指定し，税金などを優遇して積極的に海外企業を受け入れた。この地区のことを何というか，答えなさい。

_____

2 人口増加をおさえるために 1970 年代に中国政府が導入し，2015 年に廃止された，子供の数を制限する政策を何というか，答えなさい。

_____

3 アジア NIES とよばれる 4 つの国と地域は次のうちどれか。また，それぞれの位置を，地図中の A ～ F から選んで，答えなさい。

| 韓国　シンガポール　日本 |
| ホンコン　台湾　中国 |

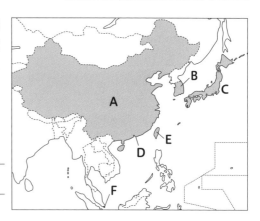

_____ 記号 _____

_____ 記号 _____

_____ 記号 _____

_____ 記号 _____

経済特区：中国政府が外国企業の資本や技術を導入するために開放した特別地域。企業は現地の土地や労働力を安く利用できるだけでなく，関税を免除されたり税金が安くなったりするなど優遇された。
一人っ子政策：人口増加をおさえるために 1979 ～ 2015 年まで実施された政策。夫婦1 組あたり子供が 1 人の家庭にさまざまな優遇措置があたえられた。

世界の諸地域

CHAPTER 1

037

バナナは世界のどこでつくられている？

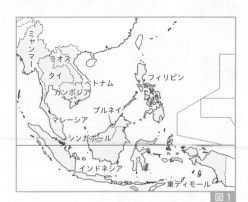

図1

 イツキくんは，バナナって好き？

 うーん，普通。週に3回くらいは食べてるかな？ ってくらい。

 それ，けっこう好きじゃない……？ まあいいや。そのバナナって，どこでつくられていると思う？

 えっ？ どこだろう？ 日本じゃないの？

 バナナはさすがに日本だとなかなかつくれないかな。南国の暑い地域じゃないと育たないんだ。正解は，東南アジアの フィリピン とかだね。

 ……そもそも東南アジアにどんな国があるのかわかんない……（図1）。

東南アジアは島が多いんだね！

 ああ，日本から南東のほうに進んでいって，マレーシアとかインドネシアとかの国々だね。
ここら辺の国々では， プランテーション といって，**かつて欧米から植民地支配されていたときの大農場**を中心に，輸出用で自分たちではあまり食べたり使ったりしないような農作物をつくっている。
具体的には，天然ゴムとかコーヒー豆とかバナナなんかを栽培しているよ。

 おお，コーヒー豆もここから輸入しているんだね。

 東南アジアの国々は，中国と同じように工業製品の輸出をふやすために 工業団地 を設置して外国企業を招き，工業化をどんどん進めているんだ。
所得の低い国々だから，安い賃金で 労働者 を雇うことができるってことで，今は**中国よりも東南アジアに外国企業が進出する傾向がある。**
ぼくらが食べている冷凍食品とか着ている服とかも，もしかしたら東南アジアでつくられたものかもしれないよ？

 へえ，そう考えると，このバナナももっとおいしく食べられそうだよ。いただきます。

 今も食べているのかよ！

1 次の地図は東南アジア諸国が結成している政治的・経済的組織の加盟国を表している。

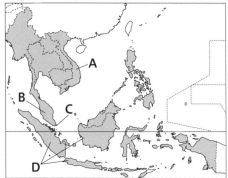

(1) この政治的・経済的組織の名称を答え
なさい。

_____

(2) 地図中の A ～ D にあてはまる国を, 次の語群からそれぞれ選んで, 答えなさい。
〔 マレーシア　インドネシア　シンガポール　ベトナム 〕

A _____　　　B _____

C _____　　　D _____

2 植民地時代にヨーロッパ人が建設したプランテーションで現在も栽培されている農作物
としてあてはまらないものを, 次の語群から選んで, 答えなさい。
〔 天然ゴム　あぶらやし　コーヒー豆　米 〕

_____

3 東南アジアの多くの国々に見られる, 外国企業を誘致してつくった工場の集まりを何と
いうか, 答えなさい。

_____

プランテーション：ヨーロッパ人が, 植民地で現地の人々を使って特定の商品作物を大
　　量に生産したことから始まった。現在は現地の人々が農園を経営することも多い。
ASEAN（東南アジア諸国連合）：東南アジアの政治・経済・文化・安全保障などに関する
　　協力組織。10か国が加盟しており, 本部はジャカルタにある。

車で移動できるのは西アジアのおかげ？

 わたし，石油王になって，何も仕事しなくてもいい生活をしたいんです。

 いきなりどうした⁉ リンさんってそんなキャラだっけ⁉ まあでも，石油王も大変だよ。
石油王のイメージがあるのは，**石油の産出量が多い西アジア**だと思う（図1）。ここでは，OPEC（石油輸出国機構）とよばれる産油国の組織もできていて，**パイプラインやタンカーを利用して世界中に石油が輸出されている**よ。
でも砂漠地帯で，人々は外にもなかなか出ないから，成人の肥満率はアメリカよりも高いと言われているんだ。

図1

 ああ，たしかに西アジアは砂漠地帯のイメージありますね。で，たしかに砂漠って暑そう。

 だから国の施策で，ジムに行くことに補助金が出されているという話もある。

 そこまでして運動させたいんだ⁉

 そうなんだよ。とはいえ，この石油王たちのおかげで，ぼくたちは車に乗ることができる。**日本の石油のうち，92％は中東から輸入して**いるものだというデータがある。

 そんなに⁉

 かなりの割合だよね。1970年代には，中東からの石油が値上げされたせいで，石油危機も起こったくらいだからね。
そして西アジアの国々も，経済が石油にたよりすぎてしまっていることを問題だと思っているんだ。だから，持続可能な都市をつくろうと 再生可能エネルギー の開発を行ったり， リゾート 地をつくって観光客をよんだり，すごく充実した大学機関をつくったりしている。

石油の産出国はペルシャ湾の沿岸に多いみたいですね。

 なるほど，そういう大学に行って，石油王と結婚すれば「玉の輿」確定なわけですね。「玉の輿」といえば，最近インド人にもお金持ちになる人がふえているとか。なんでなんですか？

ああ，インドか。たしかにインドは今，南部のベンガルールを中心に ICT （情報通信技術）産業が大きく飛躍しているんだ。もともと英語が公用語で，数学もめちゃくちゃできる人が多いから，優秀な人材がどんどんインドからうまれているんだよ。
ちなみに，インドといえば，ユイさんはインドカレーを食べる？

えっ？ そりゃあ，週１回くらいでは食べに行くけど……。

頻度多くない!? インドカレー屋さんだと，ご飯の代わりにナンを食べるでしょ？ あれは，インドにも砂漠地帯があって，そこでは 小麦 を食べる習慣があるからなんだ。

へえ，食文化と気候ってやっぱり大きく結びついているんだねぇ。

✏ 練習問題

解答解説 ▶▶ 別冊 6 ページ

1 右の地図は南アジア・中央アジアの国々を示した地図である。地図中の **A 〜 D** にあてはまる国を，次の語群からそれぞれ選んで，答えなさい。
〔 インド　バングラデシュ　サウジアラビア　イラク 〕

A _____　　B _____

C _____　　D _____

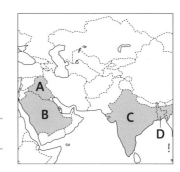

2 次の文中の①・②にあてはまる語句を答えなさい。

> インドは教育水準が高く，情報技術を身につけた人々が世界中で活躍し，国内ではアメリカから帰国した人々が ① 産業の成長をリードしている。西アジアは資源が豊富で， ② や天然ガスで得た資金で近代都市が整備されている国も多い。

① _____　　② _____

3 次のア〜ウのうち，誤っているものを選んで，記号で答えなさい。
　ア　西アジアの石油は枯渇しつつあり，日本は石油の輸入を規制している。
　イ　日本の石油の輸入国は，１位がサウジアラビア，２位がアラブ首長国連邦である。
　ウ　日本の石油の輸入国は，西アジアからの輸入が９割以上をしめている。

OPEC（石油輸出国機構）：主要な石油輸出国が，原油価格の安定や生産量の調整などのために結成した組織。西アジアを中心として 13 か国が加盟（2022 年 12 月現在）。
再生可能エネルギー：自然界で再生し，繰り返し利用できるエネルギーのこと。水力・風力・太陽光・地熱・バイオマスなど。

11 イギリスは北海道よりもあたたかい？

 いっせー先生！ イギリスって北海道より緯度が高いって知ってた？

 もちろん，知ってるよ！ イギリスのロンドンは北緯約51度，北海道の札幌は北緯約43度だから，イギリスのほうが緯度が高いよ（図1）。でも，イギリスのほうが北海道よりもあたたかいんだ。

図1

 えっ，なんで？

 ヨーロッパの西側にある大西洋には暖流の 北大西洋海流 が流れているんだけど，イギリスをはじめ，ヨーロッパの多くの国々は，この海流のあたたかい空気が，偏西風という風によって運ばれることで気温があたたかくなる。
夏とか，日本より緯度が高い国でも，全然普通に30度とかこえるんだ。
日本と同じく，気候区分としては温帯に属するヨーロッパだけど，西岸海洋性気候 という気候になるんだよ。

日本はスペインやイタリアと同じくらいの緯度なんだね！

 ヨーロッパには，なんかあと1つ，気候区分あったよね？ 地中海性気候 とか。

 おお，よく覚えているね。地中海性気候も西岸海洋性気候とちょっと近いんだけど，夏は晴れて雨が少なく，冬はあたたかくて湿度が高い気候だよ。
こういう気候だから，夏は海に行ったりして，長めの休暇を取るバカンスがさかんだね。

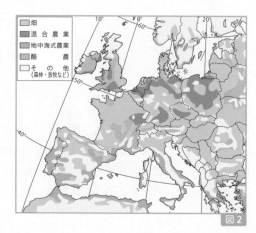

□ 畑
■ 混合農業
■ 地中海式農業
■ 酪農
□ その他（森林・放牧など）

図2

 へえ，そんなのもあるんだ！

 とはいえ，ヨーロッパ全域があたたかいわけじゃなくて，北欧のスウェーデンやノルウェーとか，西岸側ではないドイツの北部とかでは寒い地域もある。これらの地域では，家畜の飼育と作物の栽培を組み合わせる 混合農業 という農業が行われている（図2）。
また南部では，地中海の気候に合ったぶどう・オリーブなどの作物を育てる 地中海式農業 が行われているよ。もっと寒い地域では，乳牛を飼育してチーズやバターなどを生産する 酪農 が行われているところもあるね。

気候に合わせた農業が行われているんだね。

練習問題

解答解説 ▶▶ 別冊 7 ページ

1 右の地図を見て，A～Dにあてはまる国を，次の語群
からそれぞれ選んで，答えなさい。
〔 イタリア イギリス フランス ドイツ 〕

A _____

B _____

C _____

D _____

2 次の文中の①・②にあてはまる語句を答えなさい。

> ロンドンは札幌より高緯度に位置するが，温帯に属し比較的温暖である。その理由
> は，大西洋を北東方向に流れる暖流の ① と，ヨーロッパ上空を吹く ② の影響
> を受けるからである。

① _____　② _____

3 次の①～③にあてはまる農業の名称を答えなさい。

① イタリアやスペイン・フランスなどの地中海沿岸で行われている，オリーブや小麦
の栽培に特徴がある農業。

② スイスやデンマークで行われている，乳牛を飼育してチーズやバターなどを生産す
る農業。

③ ドイツやハンガリー・フランスなどのヨーロッパの中部や東部で広く行われ，主食
になる作物と家畜の飼料作物を栽培する農耕と家畜飼育を組み合わせた農業。

① _____　② _____

③ _____

混合農業：小麦・大麦などの穀物，とうもろこしなどの飼料作物の栽培と，牛・豚・羊
などの家畜の飼育を組み合わせた農業。

地中海式農業：地中海性気候の地域で，乾燥する夏にはぶどう・オリーブなどを栽培
し，降水量の多い冬には小麦などを栽培する農業。

チョコはどんなふうにつくられている？

 チョコおいしい。ずっとチョコだけ食べて生きていきたい。

 ユイ先輩（せんぱい）は，チョコ大好き系女子だからね。バレンタインデーにクラスメイトに配る用のチョコを自分で用意したのに，「やっぱあたしが食べたい」とか言って，全部自分で食べた伝説があるよ。

図1

 なんだその伝説……。ええと，そういうチョコレートの原料のカカオ豆というのは，アフリカでつくられていてね（図1）。
アフリカは，世界最大の サハラ砂漠 があったりして雨が降らないイメージがあるけど，赤道付近には熱帯雨林が広がっていたりして，そういう雨の多い地域でチョコの原料になるカカオ豆はつくられている。コートジボワールとかガーナなどのギニア湾岸（わん）の国々だね。

 おいしいチョコだけ食べて生きていける身体になりたい。

カカオ豆はアフリカの西側でとれるんだね！

 うん，ちゃんと聞いてるかな，ユイさん？
アフリカの国々は，東南アジアと同じく， プランテーション で現地の人々を労働力として働かせてこれらの農作物をつくっていた過去があるので，現在も特定の農作物ばかりをつくってそれを輸出する モノカルチャー経済 なんだ。

 なんかよく聞くけど，「モノカルチャー」ってなんなの？

 「モノ」っていうのは「単一」って意味だから，「モノカルチャー」は単一栽培（さいばい）のことだね。ちなみにアフリカは鉱産資源も豊富で，ダイヤモンドとか金とかレアメタル（希少金属）とか，そういう希少なものも輸出していたりする。でも，1つの製品にたよっているから，たとえばチョコが売れなくなったら途端（とたん）に経済が立ちゆかなくなる，安定しない経済構造になってしまうんだ。

 私は，どんなことがあってもチョコ食べるもん！

今日のユイさんは，なんだかこわれているなあ。

あとは，アフリカはまだまだ未整備で，急激な人口増加に食料生産が追いついていなくて，食料不足も続いている。内戦も多くって，難民 が発生している地域もあるよ。

 なかなか大変な地域なんだね。

✎ 練習問題

解答解説 ▶▶ 別冊 7 ページ

1 右の地図を見て，次の問いに答えなさい。

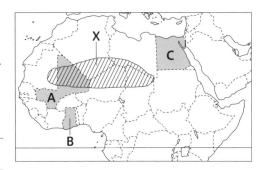

(1) 地図中の **A ～ C** にあてはまる国を，次の語群からそれぞれ選んで，答えなさい。

〔 マリ　エジプト　ガーナ 〕

A _____

B _____

C _____

(2) **X** の砂漠（さばく）の名前を答えなさい。

_____

2 次のグラフは，アフリカ州の 3 つの国について，輸出総額に対する輸出額 1 位の品目の割合を示している。これを見て，右の問いに答えなさい。

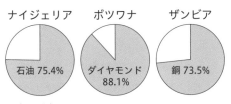

（2021年）　（『データブック オブ・ザ・ワールド』2023）

(1) このような特定の資源が輸出の大部分をしめるような経済の名前を答えなさい。

_____

(2) (1)の特徴（とくちょう）としてあてはまらないものを，次の**ア～エ**から選んで，記号で答えなさい。

ア 経済が安定しない場合が多い。

イ 鉱産資源だけでなく，農作物が大部分をしめる場合もある。

ウ かつてはアフリカだけでなく，南アメリカでも多くの国で見られた。

エ 輸出するだけでなく，自分たちの国でもその商品を消費することが多い。

_____

モノカルチャー経済：特定の農作物や鉱産資源の生産と輸出にたよった経済。コートジボワールのカカオ豆，ボツワナのダイヤモンドなど。

レアメタル(希少金属)：埋蔵（まいぞう）量が少なく，採取しても精錬（せいれん）することが難しい金属。コバルトやマンガンなどで，パソコンやスマートフォンの生産に必要な材料が多い。

アメリカンドリームって何？

 アメリカっていいよね！ なんかこう，世界の中心！ って感じで！

 ああ，まぁたしかにテンションは上がるな。農業も工業もすごい発達しているからね。
とくに農業は，機械を活用した大規模な農業が特徴で，世界の食料庫ともよばれている。
とうもろこしや大豆は，世界の生産量のうち，3割以上がアメリカでつくられているから
ね（図1）。

 そんなに!?

 そうだよ。そしてアメリカの農業のすご
いところは，五大湖周辺の涼しい地域で
は酪農を，北部の地下水が豊富な地域で
は小麦やとうもろこし・大豆を，南部の
温暖な地域では綿花を，というようにそ
の地域に合わせた 適地適作 が行
われていることなんだ。

図1

 ほえー，頭いいね。なんかすごく効率的な感じがする。

 それもこれも，アメリカは移民たちがつくった新しい国だから，効率的な国づくりを行っ
てきたという背景がある。
もともとネイティブアメリカンとよばれる人たちが暮らしていたんだけど，そこにスペイ
ンやイギリスなどから移民がやってきた。そして，16世紀以降には黒人が奴隷としてア
フリカから連れてこられた。だから，白人も黒人もいて，それ以外にも人種がたくさんい
るのがアメリカの特徴になったんだ。

 なるほどねえ。

 そんな移民の国だから，今でもメキシコなどの中央・南アメリカから，
ヒスパニック とよばれるスペイン語を話す人たちなどが「この
国で，オレも一山当ててやるぜ！」っていうテンションでアメリカに渡
ってくる。それらの国よりアメリカのほうが経済的にかなり裕福だから
ね。そういうのを「アメリカンドリーム」と言ったりする。

ヒスパニックは，
アメリカ南部の州で
多く見られるよ。

 ああ，聞いたことあるなあ。

とはいえ，これらの人たちがアメリカに来すぎてしまうと社会問題が起こったりするから，規制をしているんだ。それでも不法入国してくる人たちはふえているんだけどね。

 アメリカンドリームも簡単じゃないんだなあ。

 さて，アメリカにはいろんな都市があるからおさえておいてね！
アメリカの中心で経済が発展しているニューヨークに，近くに油田があって航空宇宙産業もさかんな ヒューストン ，航空機産業がさかんなロサンゼルス。
そして，サンフランシスコの近郊には， シリコンバレー とよばれる世界の ICT（情報通信技術）産業の中心地があるんだ！

✏️ 練習問題　　　　　　　　　　　　　　　　解答解説 ▶▶ 別冊 8 ページ

1️⃣ 次の①～③の文にあてはまる都市を，地図中の **a ～ c** からそれぞれ選んで，記号で答えなさい。
　① 油田の近くに位置し，石油化学工業や航空宇宙産業が発達している。
　② ICT（情報通信技術）産業などの新しい産業の発展が見られる。
　③ 証券取引所のあるウォール街があり，世界経済の中心地である。

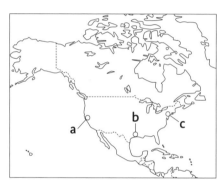

　　① ＿＿＿＿＿　　② ＿＿＿＿＿　　③ ＿＿＿＿＿

2️⃣ 次のグラフは農産物の輸出量の国ごとの割合を示している。あ～えにあてはまる農産物を，次の語群から選んで，答えなさい。
　〔 大豆　コーヒー豆　砂糖　とうもろこし 〕

（2020年）
あ 1億9289万トン／アメリカ合衆国 26.9%／アルゼンチン 19.1／ブラジル 17.9／ウクライナ 14.5／その他 21.6

い 1億7337万トン／ブラジル 47.9%／アメリカ合衆国 37.2／パラグアイ 3.8／その他 7.4

う 7215万トン／ブラジル 42.5%／インド 9.8／オーストラリア 4.7／タイ 8.3／アルゼンチン 3.7／その他 34.7

え 772万トン／ブラジル 30.7%／ベトナム 15.9／コロンビア 9.0／インドネシア 4.9／その他 39.5

（『日本国勢図会』2022/23ほか）

あ ＿＿＿＿＿
い ＿＿＿＿＿
う ＿＿＿＿＿
え ＿＿＿＿＿

3️⃣ スペイン語を話す中央・南アメリカからの，アメリカ合衆国への移民は何とよばれているか，答えなさい。

＿＿＿＿＿

 ネイティブアメリカン：北アメリカの先住民。アメリカインディアン，カナダのイヌイットなどがこれにふくまれる。

日本の裏側・ブラジルの歴史を知りたい！

 このまま地面を掘っていったら，いつかはブラジルにたどり着くんだよね。

 あー。その妄想，1回はするよね。でも実際には地球の中心はマントルという熱いマグマが存在しているから，到達するのは不可能だよ。

 いっせー先生は夢がないなあ。で，地球の裏側のブラジルってどんな国なの？

 唐突にマジメになるなぁ。そうだね，ブラジルは南アメリカ州の国だ（図1）。南アメリカには古くから先住民がいたんだけど，スペイン人やポルトガル人が侵攻して，植民地化したんだ。

で，ヨーロッパ人たちが プランテーション とよばれる大農園の労働力として黒人を奴隷として連れてきて，先住民・黒人・白人，そしてそれらの混血の人たちで構成される 多文化社会 がうまれたんだ。

図1

 いろんな人がいるんだなぁ。

 で，ブラジルはポルトガル語が公用語で，白人と黒人の混血が多い国だ。ちなみに日本人の移民も多くって， 日系人 もたくさんいたりする。それ以外の南アメリカの国，アルゼンチンとかはスペイン語を使っている人が多いよ。

 ブラジルって日系人も多いんだ！

 そうなんだよ。それから，南アメリカの国々の特徴として挙げられるのは，鉱産資源に恵まれていることだね。ブラジルは鉄鉱石，ペルーは銀，チリは銅，という感じでね。 レアメタル （希少金属）を産出する国も多い。

ブラジルに日本人移民が多いって，初めて知ったよ。

 「レアメタル」……なんかかっこいい。

 まあ，たしかに名前はかっこいいな。南アメリカは昔から，鉄鉱石とか，コーヒー豆とか，石油とか，そういう特定の何かの輸出品目にたよった モノカルチャー経済 だったんだけど，最近はどんどん多角化していて，工業製品もつくっているんだ。とくにブラジルは，自動車とか航空機とか電子部品とかをつくって輸出しているんだよ。

ブラジルの人もがんばっているんだなぁ。（地面に向かって）ブラジルの人たち，聞こえますか——！

練習問題

解答解説 ▶▶ 別冊 8 ページ

1 次の表は，1960 年と 2021 年におけるブラジルの輸出上位品目とその割合を示したものである。

ブラジルの輸出上位品目

（1960 年）			（2021 年）	
品目	％		品目	％
A	56.2		C	15.9
カカオ豆	5.5		B	13.8
砂 糖	4.6		石 油	10.9
C	4.2		肉 類	7.0
輸出額計 13 億ドル			※輸出額計 2099 億ドル	

※ 2020 年の数値。（『データブック オブ・ザ・ワールド』2023 ほか）

(1) 表中の A・B にあてはまる農産物を次の語群からそれぞれ選んで，答えなさい。

〔 小麦　コーヒー豆　大豆 〕

A _____

B _____

(2) 表中の C にあてはまる鉱産資源を答えなさい。

_____

2 アルゼンチン・チリ・ペルーで使われている公用語を答えなさい。

_____

3 ブラジルで使われている公用語を答えなさい。

_____

4 次の文の①・②にあてはまる語句を答えなさい。

白人と先住民の混血のことを ① といい，パラグアイやチリをはじめ，南アメリカの多くの国で見られる。

また，ブラジルでは日本人移民とその子孫である ② が多く見られる。

① _____　② _____

多文化社会：民族や文化が異なる人々が，お互いの違いを認め合い，対等な関係で社会参加できる国家や社会のこと。

先住民：ある地域に古くから暮らしている民族のこと。あとから移住してきた民族によって自由と権利をうばわれ，少数民族として支配される立場になることが多い。

オーストラリアは日本人に人気の移住先？

 早々とお金をかせいで，のびのびとなんの苦労もなく海外とかで楽に暮らしたいですよね。

 なんかまた，いきなり変なこと言い出したな……。この前は「石油王と結婚(けっこん)したい」って言ってたけど，また夢が変わったの？

 別に……。私はできるだけ楽に生きていきたいだけですよ。

 よくわからないけど，まあいいや。そういう「老後とかに会社を辞めて楽に暮らしている人」の移住先として多いのが，実はオーストラリアなんだ。

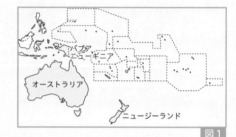

図1

 オーストラリア……。オセアニア州の国ですね（図1）。暮らしやすいんですか？

 興味津々(しんしん)だなあ。この国は，もともと先住民の アボリジニ が生活していたんだけど，イギリスの植民地になって白人がふえたんだ。
19世紀半ばにはアジア系の移民も多くなって，一時期は白人以外の移民を制限する 白豪主義 が取られていたんだ。でも今は，移民を積極的に受け入れてさまざまな文化が混ざり合う 多文化主義 に移行している。
日本人も多くって，留学先とか老後のリゾート地として人気が高いんだよ。

 いいですね。30代になったらオーストラリアで暮らしましょうかね。

 オーストラリアの東部や南部は気候も温和で，暮らしやすそうですね。

 意外とはやいな，30代でもう日本脱出(だっしゅつ)か……。
まあオーストラリアの大部分は砂漠(さばく)気候だけど，東部や南部には日本と同じく温帯の地域があるから，気候が近いのはいいかもしれないね。
南半球だから季節は日本と逆だけど，海にはきれいな さんご礁 が広がっている。その中でも有名なグレートバリアリーフの付近は，観光地やリゾート地としてはとてもいいところだ。観光地としては，ウルル（エアーズロック）も有名だね！

 いっせー先生はオーストラリアに行ったことあるんですか？

行ったけど，100年に一度の台風が来てまったく外に出られなかった。

まあそれは置いておいて，**オーストラリアでは羊の放牧や肉牛の飼育がさかんだ**。日本のファストフード店のお肉はオーストラリア産が多いね。

また，**ニュージーランドでは酪農や牧羊が行われている**ので，こっちも覚えておいてね。

 ああ，けっこう私たち，オセアニア州とゆかりがあるんですね。

✏️ **練習問題**　　　　　　　　　　　　　　　　　　　解答解説 ▶▶ 別冊 9 ページ

1 次の地図はオーストラリアの気候区分を示したものである。

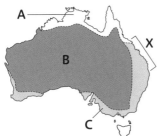

(1) A～Cにあてはまる気候帯を，次の語群からそれぞれ選んで，答えなさい。

〔 熱帯　温帯　乾燥帯 〕

A _____　　B _____

C _____

(2) 地図中のXに存在する，世界最大のさんご礁を何というか，答えなさい。

_____

2 次の文の①～③にあてはまる語句を答えなさい。

オーストラリアには，もともと先住民の ① とよばれる人々が住んでいた。しかし18世紀後半から，移住したイギリス系の人々を中心とした国づくりが行われた。

20世紀からは白人中心の ② が取られていたが，1970年代以降は，アジアなどから移民を受け入れた。現在は多様な民族が共存しており，さまざまな文化を互いに尊重する ③ 社会を築こうとしている。

① _____　② _____　③ _____

アボリジニ：オーストラリアの先住民。イギリスによる植民地化にともなって土地をうばわれ，迫害を受けた。辺境に追い出されたこともあり，人口は激減した。

白豪主義：ヨーロッパ系以外の移民を制限したオーストラリアの政策。労働力の不足や国際世論の批判により，1970年代には廃止された。

ウルル：オーストラリア大陸の中央部にある，世界最大級の一枚岩。アボリジニの聖地となっている。

自分に合う勉強法って，どうしたら見つかるの？

イツキ

いっせー先生，自分に合う勉強法って，どうやったら見つけられるの？

いっせー先生

 イツキくん，それはとにかくやってみるしかないんだ。新発売のお菓子だって気に入るかどうかは食べてみないとわからないでしょ。勉強も同じ。やる前からこれが自分に合うかどうかって，判断できないよ。

そうなんだ。

  でも，どんな方法でも勉強すれば成績は上がるよ。少しでもできそうなところから，とにかくやってみよう。

 やってみて初めて，この方法を続けてみようとか，ここをこう変えてみようとか，しっくりこないから別の方法も試してみようとか，どうしたらいいかが見えてくるよ。

わかった！ まずはできそうな勉強法を試してみるよ。

COMMENTS

すばる先生

まずはいろいろ試してみるということには，ぼくも同感！ その中で自分がワクワクするやり方を習慣にしよう。ぼくの場合は，「英単語を覚えた次の日に友達とテストする」というルールを決めてたんだ。ゲーム感覚で取り組むことで楽しく継続できたよ。

「効率がいい」勉強法で成績が上がらない。どうして？

リン

いっせー先生，「効率がいい」って評判の勉強法を試（ため）してみたんですけど，成績が上がりません。なんででしょう？

いっせー先生

リンさん，これは知っておいてほしいけど，評判のよい勉強法がすべての人に対して有効とは限らないよ。

えっ，そうなんですか？

勉強法って，人によって向き不向きがある。
しっくりきた人はどんどん取り入れればいいし，一定期間試してみて，そうでもなかったら変えればいい。

ちなみにぼくは，効率が悪いとされるやり方が合うタイプだよ。いずれにしても，目指しているのは効率のいい勉強法を見つけることじゃなくて，成績を上げること。そのために，勉強を続けやすい方法を探しているんだっていうことを忘れずにね。

なるほど。たしかにそうですね！

COMMENTS

でんがん先生

これは，目的意識が大事だという話だね。効率のいい勉強法をして受験に合格できるんだったら，みんなそのやり方をしているよね。だから，自分を知り，自分の型を見つけることも立派な「勉強」の1つなんだと，ぼくも思うよ。

福岡市は住みやすいって本当？

 私はね，いっせー先生。将来は博多に住みたいと思っているんですよ。

 おお，博多か。福岡県の県庁所在地である福岡市にある地区だね（図1）。なんで？

 福岡市は，全国で一番住みやすい地域だというデータがあるんですよ。全国住みたい街ランキングで1位だとか。

 ああ，それはよく言われることだよね。**福岡市は人口100万人をこえる九州最大の都市**で，**政令指定都市**に指定されているよ。
都市区画がきちんとしていて，人が多く住んでいる**ベッドタウン**と商業施設がしっかりと整備されている。
それから，博多から福岡空港まで電車で5分程度で行ける利便性の高さも，評価されているね。

図1

 空港までたったの5分!? ……それってすごいことですよね？

 そうだね，ほかの都市にはほとんど例がないね。いろんな地域に空港はあるけれど，どこも中心地と空港が離れている場合が多い。
福岡市は空港があるだけでなく，新幹線も止まるから東京まで乗りつぎなしで移動できるし，交通網も発達している。移動が楽なのも，街の住みやすさをつくっていると思うよ。

> 九州地方には火山が多く，温泉もたくさんあるんですね。

 ほかには，そうですね，食べ物もおいしいイメージがありますね。

 そうだね。地鶏（じどり）とか，ラーメンとか有名だね。そもそも九州はおいしいものが多いよ。
筑紫平野（つくし）では農業がさかんで，稲作（いなさく）が行われている。佐賀県の有明海では干潟（ひがた）が広がっていて，海苔（のり）の養殖（ようしょく）がさかんだ。宮崎平野では促成栽培（そくせいさいばい）もさかんで，畜産（ちくさん）でも知られているね。鹿児島県はシラス台地**が広がっていて，さつまいもの生産が有名だ。**
そして，それらの食べ物が，福岡に集まってくるわけだね。だからおいしいものが多いわけだ。

いいですね。とてもいいです。ぜひ将来住みたいですよ。

では，あとはどんな職業に就きましょうか。九州の工業はどうですか？

えーと，昔は石炭が産出されたから，官営の 八幡製鉄所 があって，**北九州工業地域を形成**していたんだけど，石炭から石油に資源のメインが変わったことで，地位が低下してしまった。

1970 年代には交通網が整備されて，九州全体で シリコンアイランド とよばれて，IC チップなどが開発されるようになったんだ。製品は飛行機で輸送していたよ。

今は，大規模な自動車の組み立て工場が進出して，関連する部品工場もふえているよ。

✏️ 練習問題
解答解説▶▶別冊 9 ページ

1　右の地図中の①・②の山，③の平野，④の海の名前を答えなさい。

①　_____　　②　_____

③　_____　　④　_____

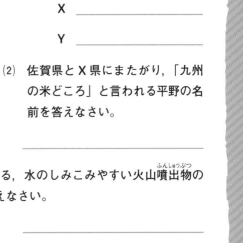

2　次の表を見て，右の問いに答えなさい。

九州の県の農業生産額の部門別割合(%)

県名	米	野菜	果実	畜産	その他
佐　賀	18.6	28.1	16.2	28.1	9.0
X	17.4	35.8	12.1	19.4	15.3
Y	4.4	11.8	2.1	65.4	16.3
宮　崎	5.2	20.3	3.9	64.4	6.2
大　分	15.5	29.1	10.8	35.6	9.0
熊　本	10.6	35.8	9.9	35.0	8.7
長　崎	7.0	31.6	9.4	35.7	16.3
沖　縄	0.5	14.0	6.6	43.6	35.3

(2020 年)　　　　　　　(『データでみる県勢』2023)

(1) X 県と Y 県の名前を書きなさい。

X　_____

Y　_____

(2) 佐賀県と X 県にまたがり，「九州の米どころ」と言われる平野の名前を答えなさい。

_____

(3) 表中の Y 県で米の比率が低い原因になっている，水のしみこみやすい火山噴出物（ふんしゅつぶつ）の積もった地層からなる台地を何というか，答えなさい。

_____

(4) (3)の地域でよく取れることで有名な野菜の名前を，ひらがな 5 文字で答えなさい。

_____

IC(集積回路)：多くの電子部品をうめこんだ電子回路。製品自体は小さく軽いが高価なため，航空機・高速道路などで輸送しても利益が出る。

香川県のうどんがおいしいのはなぜ？

 このうどん，コシがあって完璧！ やっぱり，うどんと言ったら香川県だよね，いっせー先生？

 そう，そのとおり！ うどんは香川県が名産なんだ（図1）。ただ，そのうどんをつくるためには，実は高知県の助けがいるんだよね。

 高知県？ なんで？ 原料の小麦でもやり取りしてるの？

 いいや，小麦は香川産が多い。だけど，うどんをつくる上でなくてはならない，水を高知県からもってきているんだ。
香川県は雨があまり降らなくて，水不足に悩まされる場合が多い。だから，高知県と徳島県を流れている 吉野川 の水を用水に引いているんだ。

図1

 ほほーう。ちなみになんで香川県は雨が少ないの？

 それは，瀬戸内の気候が関係しているね。
瀬戸内は夏冬ともに季節風の影響を受けにくく，**年間を通じて降水量が少ない気候**なんだよ。だから水不足への備えとして，ため池 をつくったり節水のくふうをしたりして，夏の時期を乗り切っているんだ。
太平洋側の高知県は温暖湿潤で，高知平野 では**ビニールハウスをいかした，なす・ピーマンなんかの促成栽培が行われている**よ。

> ため池の水は，生活用水や農業用水として使われてるんだね。

 ふーん。香川県もいろいろ大変なんだね。

 ただその分，香川県をはじめとする瀬戸内海沿いの地域は特徴的な作物も取れるんだ。

 ん？ たとえばどんなの？

 香川県ではオリーブが栽培できたり，**愛媛県ではみかん**，**広島県ではレモン**がつくられていたりして，かんきつ系の食べ物がたくさんつくられているんだ。
また，瀬戸内海は内海なので海が穏やかで，養殖 も有名だよ。**広島県ではかきの養**

殖が，愛媛県では真珠やまだいの養殖が行われているよ。

へえー。みかんが愛媛県でつくられることが多いのともつながってるんだね。じゃあ，いっせー先生，みかん好きだから，みかんおごって〜。

なんでだよ！

✏️ 練習問題

解答解説 ▶▶ 別冊 10 ページ

1 次の地図中の①・②の山地，③・④の川，⑤の平野の名前を答えなさい。

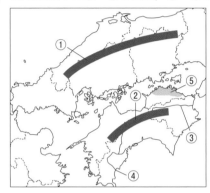

① _____

② _____

③ _____

④ _____

⑤ _____

PART 4 日本の諸地域

2 次の表を見て，下の問いに答えなさい。

みかんの生産

都道府県	％
和歌山	21.8
静　岡	15.6
ア	14.7
熊　本	10.8
長　崎	6.2
計 76.6 万トン	

すいかの生産

都道府県	％
熊　本	16.1
千　葉	12.2
山　形	9.2
イ	5.8
新　潟	5.7
計 31.1 万トン	

ぶどうの生産

都道府県	％
山　梨	21.4
長　野	19.8
山　形	9.5
ウ	8.5
北海道	4.2
計 16.3 万トン	

X の生産

都道府県	％
高　知	13.2
熊　本	11.5
群　馬	9.3
茨　城	6.0
福　岡	5.6
計 29.7 万トン	

（いずれも 2020 年）（『日本国勢図会』2022/23）

(1) ア〜ウにあてはまる都道府県名を答えなさい。

ア _____　　イ _____　　ウ _____

(2) X にあてはまる野菜を次の語群から選んで，答えなさい。

〔 キャベツ　なす　レタス 〕　　　　　　　　　_____

ため池：降水量が少ない地域でかんがい用につくられた人工の池。全国の 6 割以上が瀬戸内に集中している。

促成栽培：冬でも温暖な気候をいかし，ビニールハウスなどを利用して，ほかの地域よりも出荷時期をはやめる栽培方法。高知平野や宮崎平野などでさかん。

CHAPTER 1

057

3県を通って通学する中学生がいるの？

 リンさんは，都道府県をまたいで学校に通っているんだよね？

 そうですね，一応。埼玉県から東京都に通っています。とはいえ，別に珍しくもないでしょう？

 たしかに県をまたいだ通勤通学は，そんなに珍しくはない。でも実は，都道府県を3つ通って，2県も離れた学校に登校する人が多い都道府県があるんだ。

 2県ということは，隣の隣まで行くわけですか。それは，2時間くらいかけて通勤通学しているんですかね。

図1

 いや，それが1時間もかからないんだ。滋賀県には日本一大きい湖の　琵琶湖　がある（図1）。この南側にある，県庁所在地の大津から，京都府をこえて大阪に行くまで，なんと電車で30分しかかからないんだ。しかも新幹線に乗るわけでもなく，普通の電車でだよ！

 そんなに近いんですか!?

 これは日本の47都道府県の中でも，かなり珍しい現象だと言えるだろうね。こうなっている理由の1つは，大阪が大都市で，日本で東京に次いで2番目に人口が多いことが挙げられる。それもあって，周りの県から移動してくる人が多いんだ。大阪の学校に滋賀県から通ったり，奈良県から大阪の職場に移動したりね。都市の近くで作物を栽培する　近郊農業　もさかんに行われていたりするよ！

京都や奈良には世界文化遺産も多く，歴史的な景観をいかしたまちづくりが行われているよ。

 なるほど。そういえば，この地域には　　があったりして，工業も発展しているんですよね。

 そうだね。逆に，京都や奈良などのように，古くは都だった地域も多いから，伝統的工芸品　も多くつくられているよ。覚えなきゃならないことも多いから，がんばってね！

じゃあ，がんばりたいので，伝統的工芸品を私に買ってもらいましょうか。京都といえば，焼き物の 清水焼 とか，織物の 西陣織 とかですかね。どちらも海外の人に人気なので，私が石油王と結婚（けっこん）するときに役に立つでしょう。

 やっぱり，リンさんの最終目標はそこなんだね……。

✎ 練習問題　　　　　　　　　　　　　　　　　解答解説 ▶▶ 別冊 10 ページ

1　次の地図を見て，右の問いに答えなさい。

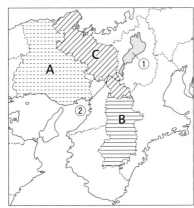

(1)　①の湖の名前と，②の川の名前を答えなさい。

① _____

② _____

(2)　右の表は，大阪府へ1日に流入する人口を示している。地図にも書かれている A～C の都道府県名を答えなさい。

A _____

B _____

C _____

（2020 年）　　　　　　　（万人）

府県	流入人口
A	37.7
B	15.7
C	10.9
和歌山	2.9
滋賀	2.4
その他	2.1
計 71.7 万人	

（『データで見る県勢』2023）

 琵琶湖（びわ）：日本最大の湖。近畿地方において飲料水や農業・工業用水の供給源として重要な役割をはたしている。

阪神工業地帯：大阪から兵庫県にかけて形成された工業地帯。初めは繊維（せんい）工業が栄え，第二次世界大戦後は内陸部で機械工業，臨海部で石油化学工業などが発展した。

西陣織（にしじんおり）：京都西陣でつくられている高級絹織物。応仁（おうにん）の乱のときに，西軍がここに陣を置いたことから，このようによばれる。

冬に日本海側で雪が多いのはなぜ？

 今年も中部地方の日本海側では大雪だってニュースが流れてたんだけど，なんであんなに日本海側って雪降るの？ 東北より雪降ってるイメージあるんだけど。

 おお，イツキくんがすごくいい質問をしてくれた……感動する。

 ええっ!? ぼく，もともとけっこうマジメなほうだと思うんだけど……。

 冬には 季節風 といって，ユーラシア大陸のほうから風が吹く。その風には，日本海の水分がふくまれているんだ。それが越後山脈などの高い山にぶつかって，雲になって，雪が降るようになる。
だから，北陸のほうは特別に雪がたくさん降るんだ。世界有数の豪雪地帯だよ。

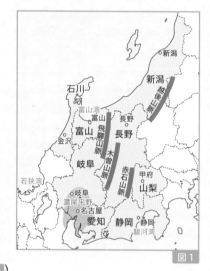

図1

 ふーん。そういえば，中部地方って，なんか山脈多いよね。

 そうだね。中部地方の中央部には 3000 m 級の山々もあって，北の飛驒山脈・中央の木曽山脈・南の赤石山脈で，日本アルプス とよばれている（図1）。
逆に南の東海のほうは山脈が少なくて，濃尾平野が広がっている。

 愛知とか静岡とか，そこらへんでしょ？

 日本アルプスは「日本の屋根」ともたとえられているよ。

 そうそう。ここらへんは，暖流の黒潮（日本海流）の影響で，冬も比較的温暖な気候なのが特徴だね。
だから愛知県を中心に 名古屋大都市圏 が形成されていて，工業がさかんだ。出荷額全国1位の工業地帯の 中京工業地帯 がある。
まとめると，北陸は稲作地帯，中央高地は果物栽培や高原野菜の栽培，東海は工業化が進んでいる，と覚えておこう。

 ふーん。じゃあ，北陸のコシヒカリと，山梨のぶどうと，愛知のひつまぶし，どれおごってもらおうかなあ。

 おごる前提!?

1 次の地図中の①〜④の山脈，⑤・⑥の平野の名前を答えなさい。

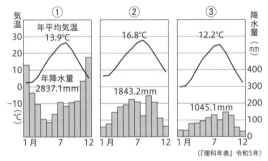

①＿＿＿＿＿＿＿＿＿＿＿＿＿＿

②＿＿＿＿＿＿＿＿＿＿＿＿＿＿

③＿＿＿＿＿＿＿＿＿＿＿＿＿＿

④＿＿＿＿＿＿＿＿＿＿＿＿＿＿

⑤＿＿＿＿＿＿＿＿＿＿＿＿＿＿

⑥＿＿＿＿＿＿＿＿＿＿＿＿＿＿

2 次の雨温図のうち，黒潮（日本海流）の影響を受けている気候のものを選んで，番号で答えなさい。

①	②	③
年平均気温 13.9℃	16.8℃	12.2℃
年降水量 2837.1mm	1843.2mm	1045.1mm

（『理科年表』令和5年）

＿＿＿＿＿＿＿＿＿＿＿

3 中部地方の中央高地では，夏でも涼しい気候をいかして，暑さに弱いレタスなどの野菜を夏に栽培し，出荷時期をおくらせて出荷している。

(1) このような野菜を何というか，答えなさい。　＿＿＿＿＿＿＿＿＿＿＿

(2) このような栽培方法を何というか，答えなさい。　＿＿＿＿＿＿＿＿＿＿＿

4 次のア・イのうち，北陸の農業の特徴にあてはまるものを選びなさい。

ア　耕地のうちの田の割合が高い。

イ　耕地のうちの畑の割合が高い。

＿＿＿＿＿＿＿＿＿＿＿

中京工業地帯：繊維工業などを中心に発達したが，現在は豊田市の自動車工業が主となり，機械工業のしめる割合が多い。

高原野菜：涼しい気候を利用して，低地よりも出荷時期をおくらせてつくられる野菜。

東海工業地域：静岡県の太平洋側に発達した工業地域。浜松・富士・富士宮などで機械工業や製紙・パルプ工業がさかん。

関東地方に人口が集中しているのはなぜ？

 いっせー先生，なんで関東地方には人が多いんですか？ 歴史的背景ですか？

 おお，かなりレベルの高い質問だな。たしかにリンさんが言うとおり，江戸時代からの歴史的背景という側面もある。だけどもう1つ覚えておくべき背景は， 関東平野 の存在だね（図1）。

 関東平野，ですか。たしか，日本最大の平野なんでしたっけ？

 そうだよー。 関東ローム といって，火山灰が積もってできた赤土が，この平野を覆っている。そして，関東地方は関東平野が面積の半分をしめているので，人が住みやすくって，日本の人口の約3分の1が集まっている。とくに人口の多い東京・神奈川・埼玉・千葉は，東京大都市圏を形成しているんだ。

図1

 でも，関東地方って，住みにくいですよね。通勤ラッシュとかあったりして。

 まぁ，そういう側面もある。都市部ではビル群が集まっているから熱がたまりやすく，周辺部よりも気温が高くなるヒートアイランド現象が見られたりする。
また，郊外の ベッドタウン から通勤・通学をするから通勤ラッシュが起こって，昼の間に都心に昼間人口が多くなり，夜の間には郊外に夜間人口が多くなる（図2）。

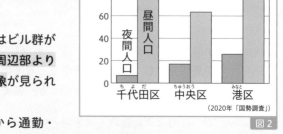

図2

 人口が多いからこその問題が起こっているわけですね。

 まぁ，いいか悪いはさておいて，人口が多いからこそ，新宿駅をはじめ，多くの鉄道路線をもつターミナル駅ができたり，大都市の近くで作物を栽培する 近郊農業 が行われていたりする。野菜とか花とか果物とかの栽培がさかんだ。

 あ，そういえば農業で思い出しましたが，おごってもらえるんですよね？

東京の中心部は夜間人口がこんなに少ないんですね。

イツキくんから聞いたんだろうけど，おごらないよ！

✏️ 練習問題 解答解説 ▶▶ 別冊 11 ページ

1 次の地図中の①の平野，②・③の川の名前を答えなさい。

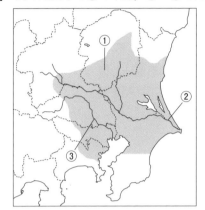

① _____

② _____

③ _____

2 関東平野は何という赤土に覆われているか，答えなさい。

_____

3 東京について述べた次の文中の①～⑤にあてはまる語句を，下の語群からそれぞれ選んで，答えなさい。

○ 国会議事堂や中央官庁などの政治の ① 機能が集まっている。
○ ニューヨークやロンドンと並ぶ世界の ② の中心で，多くの情報が集まり，世界の国々と結びついている世界都市である。
○ 都心部には周辺部や隣接する県から多くの通勤・通学者が流入し， ③ 人口が夜間人口を大きく上回っている。
○ 池袋・ ④ ・渋谷など，都心と郊外とを結ぶ鉄道の終着・始発駅であるターミナル駅では，通勤・通学ラッシュによる混雑が見られる。
○ 都心部では ⑤ 現象で周辺部より気温が高くなる。

〔 金融 六本木 中枢 都心 産業 新宿 昼間 ヒートアイランド 〕

① _____ ② _____ ③ _____

④ _____ ⑤ _____

ベッドタウン：大都市に通勤・通学する人たちの住宅を中心として発達した都市。夜に寝るために帰ってくる町という意味から，このようにいわれる。

近郊農業：大消費地の近くで大都市向けに野菜・果物などを生産する農業。埼玉県，千葉県，茨城県などでさかん。

21 東北地方の果物がおいしいのはなぜ？

 いろんな地方を説明するたびに「おごって！」って言われるんだけど，なんなんだこの流れは……？

 あ，いっせー先生，今度は東北地方のご飯をおごってよ！ 東北地方はおいしいもの多いからね！ 何にしてもらおうかなあ……。青森県の津軽平野では りんご が，山形県の山形盆地では さくらんぼ が日本一の生産量をほこっているよ。福島県ではももの栽培がさかんで，全国2位でしょ（図1）？

図1

 ここぞとばかりにかなり勉強してきていやがる !?

 でも，こんなにおいしいものが多いなんて，東北地方はいいところだねえ。

 それ，なんでだと思う？ なんでそんなに東北地方は果物がおいしいんだと思う？

 田舎だから，それ以外やることがないからじゃね？

 いや違う違う！ 東北地方にある盆地や扇状地なんかは，日当たりがよくて水はけがいいんだ。それが果樹栽培に適していて，だからさかんになっているんだ。

 へえー。ほかに，東北地方で覚えておいたほうがいいおいしいものってある？

 おいしいもの限定なのかよ !? えーと，そうだなあ。宮城県の県庁所在地の仙台市では牛タンが有名，とかもあるけれど，東北地方は全体的に水産業がさかんだから，覚えておいたほうがいいかな。

リアス海岸では，こんぶやかきなんかの養殖がさかんだね！

 それにも理由があるの？

 2つある。1つは，青森県南部から宮城県北部にかけて 三陸海岸 があるんだけど，ここは リアス海岸 といって，海岸線がギザギザになっていて養殖に向いているんだ。
もう1つは，三陸海岸の沖合いが暖流の黒潮（日本海流）と寒流の親潮（千島海流）がちょうどぶつかるところになっていて，これを 潮目 （潮境）というよ。プランクトンが多く，絶好の漁場になっていて，いろんな魚が取れる。

なるほどね。魚も果物も有名なわけだね。じゃあ，果物じゃなくてそっちにしよう！ いっせー先生，お寿司おごって！ そっちのほうが高そう！

 やっぱりこうなるのかよ！

練習問題
解答解説 ▶▶ 別冊 12 ページ

1 右の地図中の①〜③の山地・山脈・高地の名前を答えなさい。

① _____

② _____

③ _____

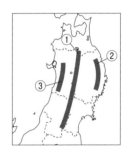

2 県別の生産割合を表した，右のグラフにあてはまる農産物を，次の語群から選んで，答えなさい。

〔 りんご 洋なし さくらんぼ 米 〕

_____

その他
北海道
16.8
7.6
1.7
万トン
山形
75.6%
(2020年)
『日本国勢図会』2022/23

3 右の地図を見て，次の問いに答えなさい。

(1) 地図中の①の海岸の名前を答えなさい。

_____

(2) ①の海岸の沖合いが好漁場となっている理由を，地図中の矢印をもとに考え，次の3つの語句を使って，簡潔に説明しなさい。

〔 暖流 寒流 潮目 〕

_____

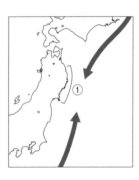

三陸海岸：三陸とは陸奥・陸中・陸前というかつての地名をあわせた名称。この海岸の南部はリアス海岸で，沖合漁業や養殖業がさかんとなっている。

リアス海岸：山地が沈んだり海面が上昇したりしてできた出入りの多い海岸。リアス海岸では海が穏やかなため，港が多く，養殖もさかん。

潮目（潮境）：暖流と寒流がぶつかる場所で，プランクトンが豊富なため，よい漁場となりやすい。

PART 4 日本の諸地域

北海道の大自然についてもっと知りたい！

 いっせー先生，北海道ってなんで大自然が広がってるの？

 あー。まあいろんな理由があるけど，気候で言えば，北海道は日本の中で唯一の 冷帯 （亜寒帯）で，人があまり住んでいない地域だった時期が長かったというのが，理由の1つとしては挙げられるかな。

 寒いからあんまり人が住まなかったってこと？

 そうだね。そんな過酷な自然環境の中でも生活していたのが，先住民の アイヌ民族 だよ。
アイヌの人たちは独自の言語や文化をもって生活していたんだけど，明治時代には政府によって開拓が進んだよ。
役所である 開拓使 が設置されて，屯田兵により開拓が進められるようになったんだ。

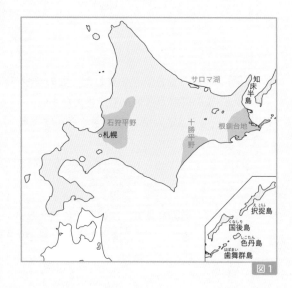

図1

 へー。開拓されたのって，19世紀の終わりごろからなら，けっこう最近なんだね。

 そういうこと。自然が豊かという流れで覚えておいてほしいのは，世界遺産に登録されている北海道東部の 知床半島 （図1）。あとは，ほたてで有名なサロマ湖だね。

 ふむふむ。寒くて自然が豊かで世界遺産があって……。あとはどんな特徴があるの？

東部と西部ではつくられている農作物がずいぶん違うね。

 農業がめっちゃさかんだね。石狩平野では稲作が行われていて，十勝平野では小麦や大豆，砂糖の原料になる てんさい がつくられている。あとは，北海道は乳牛の飼育頭数が全国1位で，酪農 がさかんだよ。

 たしかに北海道って，おいしいもののイメージあるもんね。いっせー先生，北海道のおいしいものおごって！

またこの流れかよ！

練習問題

解答解説 ▶▶ 別冊 12 ページ

1 次の地図中の①〜③の山地（山脈），④・⑤の平野の名前を答えなさい。

① _____

② _____

③ _____

④ _____

⑤ _____

2 次の文中の①〜③にあてはまる地域を，下の語群からそれぞれ選んで，答えなさい。

① 北海道の稲作の中心地である。

② 北海道東部にあり，牧草地を中心とする大規模な酪農地帯が広がる。

③ 小麦や大豆などの栽培がさかんで，北海道の畑作地帯の中心地である。

〔 十勝平野　石狩平野　富良野盆地　根釧台地 〕

① _____　② _____　③ _____

3 次のグラフは，砂糖の原料になる農作物の産出量割合である。この農作物の名前を答えなさい。

406万トン
(2021年) | 北海道 100.0% |

_____

（『日本国勢図会』2022/23）

4 次のグラフは，サロマ湖で収穫されている海産物の産出量割合である。この海産物の名前を答えなさい。

15万トン
(2020年) | 青森 54.0% | 北海道 41.0% |
その他 5.0%

_____

（『日本国勢図会』2022/23）

＋プラスα

屯田兵：明治時代，北海道の開拓と北方の警備のために入植した人々。

知床半島：北海道東部に位置し，オホーツク海に面する半島。豊かな自然環境が残されていて，世界自然遺産に登録されている。

石狩平野：北海道西部に位置する平野。もともとは泥炭地で稲作に適さなかったが，土地改良と稲の品種改良により，稲作がさかんになった。

志望校はどうやって決めたらいい？

イツキ

いっせー先生，志望校ってどうやって決めたらいいの？　今から将来の目標が決まっていないと選べないのかな？

いっせー先生

イツキくん，そんなことはないよ！
東大生の中にも，将来のことまで考えていたわけではなくて，「なんとなく東大を目指した」っていう人がけっこう多いんだよ。

へえ，意外だな！

大学受験だってそうなんだから，中学生が将来のことまで考えられないのは当然だよ。
今の自分の気持ちを大事にして選んだらいいんじゃないかな？

家から近いとか，制服がかっこいいとか，そういうことでもいいと思う。いくつかの学校の情報を調べてみたらいいんじゃない？

そっか！　サッカー部がある学校を調べてみよう。

COMMENTS
くめはら先生

ぼくは「京大は日本で一番自由な大学」という話を聞いて，京大を志望するようになったよ。いっせー先生の言うように，学校情報を調べて，自分がピンとくる学校を探してみよう！

2章 歴史

歴史って勉強してもあんまり意味がないものだと思っていない？「過去のことは振り返らず，未来だけを見ていく！」って人もいるかもしれないけど，未来のことを知るために，実は過去のことを勉強しておいたほうがいいんだ。だって，歴史は繰り返すものだからね。

ISSEI

古くさいのとか嫌いだけど，昔日本でどんなことが起こってたのかとか知るのは，何かの役に立ちそうなイメージあるよねー。ちゃんと勉強しようっと。

武士かっこいい！でも，武士がどんなふうに登場したのかとか，イマイチ知らない！好きなものだから，勉強して，もっと好きになりたいなぁ。

PART 5	原始・古代	070
PART 6	中世	088
PART 7	近世	100
PART 8	近代	106
PART 9	現代	118

人類はどんなふうに出現したの？

3人とも，ぼくたち人類はもともと猿だったって知ってた？ 最古の ［猿人］ が約700万年前にアフリカで出現して，そこからぼくたち人類の歴史は始まったんだよ（図1）。

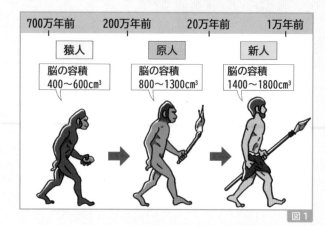

図1

へー。アフリカが人類発祥の地なんだね。

もう1つ，難しいクイズだ。なんでぼくたちは知能を得ることができるようになったんだと思う？ ほかにもいろんな動物がいるのに，なぜ猿が進化してこんなに知能をもてるようになったのかな？

たしかにいろんな動物がいるけど，ことばを使ったり，火を使ったり，文明を発展させる動物って，ほかにいないですもんね。

なんでだろう……。猿にあって，ほかの動物にないもの……？

正解は，二足歩行だという点だ。人類は，後ろ足で立って歩くことで ［直立二足歩行］ ができるようになった。
だから，自由になった手で ［道具］ を使うことができたんだよね。

ぼくたち人類の直接の祖先の新人は，ホモ・サピエンスともよばれているよ。

そうなんだ！ でも，クマとかカンガルーとかも二本足で歩いてない？

ああいう動物たちは，長時間歩くことはできないんだ。直立二足歩行ができるのは，基本的にはヒトだけなんだよ。

そうだったんですね……。

で，200万年前に現れた原人たちは，自由になった手で火を使うようになった。また，二足歩行で重い脳を支えられたことから，ことばを使うようになった。

図2

今，私たちがことばを話せるのも，その当時からの流れなんだね。

そして約1万年前までの**旧石器時代には，狩猟や採集**が行われるようになり，そのために 打製 石器(図2)を使うようになった。
そこから，自分で食料をつくる**農耕や牧畜**が始まると， 磨製 石器が使われるようになった。**新石器時代の到来**だね。

 一気に頭よくなったなぁ。手が使えるって，すごいことなんだね。

練習問題

解答解説 ▶▶ 別冊 13 ページ

1 最古の人類はどこに出現したか。次の地図中の**ア～エ**から選んで，記号で答えなさい。

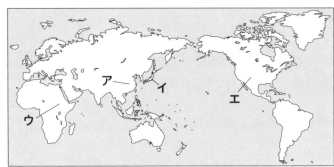

2 次の文中の①・②にあてはまる，体の部位を答えなさい。

> 人類は後ろ足で立って歩くことで ① が発達した。また自由になった ② を使うことで，道具などを持つことができるようになり，知能が発達した。

① _____　　　　② _____

3 今から200万年ほど前に現れた原人は何を使うことができたか。2つ答えなさい。

_____　　_____

4 ほかの動物にはできない，人類の移動のしかたは何か，答えなさい。

_____

5 狩猟や採集を行って生活し，**打製石器**を使っていた時代を何というか，答えなさい。

_____

 猿人：最初に出現した人類。アフリカで発見された化石から，直立二足歩行していたことがわかる。
旧石器時代：約1万年前までの打製石器を使用していた時代。人々は狩猟・採集などをしながら，移動生活をしていた。
新石器時代：磨製石器も使用するようになり，人々は農耕や牧畜，狩猟・採集・漁をしながら定住生活をするようになった。

文明がうまれた場所の共通点は何？

 クイズ！ 世界で文明がうまれた場所（図1）の共通点はなんでしょうか？

 なんか始まった!?

 今からぼくがヒントを出していくから，その共通点を考えてね！
まずは エジプト 文明！ 紀元前3000年ごろにうまれた文明で，ピラミッドやスフィンクスなどが有名だね！ ファラオとよばれる王様がいたよ。

 これだけだったらわからないね……。

 次は メソポタミア 文明！ 現在のイラク辺りだね。くさび形文字が使われていたよ。
あとはハンムラビ法典とよばれる法典があったんだ。

 法典って何？

 「この悪いことしたら，こんな罪に問われるよ」とかのルール集みたいなやつじゃない？

 そうだね。あとは，インダス川のほとりに インダス 文明が，中国には黄河や長江とよばれる川のほとりで 中国 文明が栄えることになったよ！

 これだけの情報だと全然わからない……。

 エジプトと，イラクと，中国と……インダスってどこ？

 今のインド辺りですね。インドとインダス，似てますね。

 ヒントは，地図を見るとわかるよ！

 えーと，エジプトがここで，イラクがここで，中国は黄河と長江があって……。

図1
黄河 殷墟
チグリス川 ユーフラテス川 インダス川 インダス文明
ギザ ウル メソポタミア文明 ガンジス川 長江 中国文明
ナイル川 モヘンジョ・ダロ
エジプト文明

 ハンムラビ法典は「目には目を，歯には歯を」で有名ですね。

……川が近くにある，とか？

 そう，大正解！ **エジプト文明はナイル川，メソポタミア文明はチグリス川とユーフラテス川，中国文明は黄河と長江，インダス文明はインダス川が近くにあったんだ！**

 なるほど。

✏️ **練習問題**　　　　　　　　　　　　　　　　　　解答解説 ▶▶ 別冊 13 ページ

1　次の地図中のア〜エの地域で繁栄した文明の名前を答えなさい。

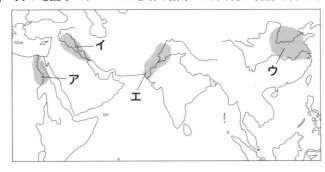

ア ＿＿＿＿＿＿＿＿＿＿＿＿

イ ＿＿＿＿＿＿＿＿＿＿＿＿

ウ ＿＿＿＿＿＿＿＿＿＿＿＿

エ ＿＿＿＿＿＿＿＿＿＿＿＿

2　1で答えた文明について，その近くを流れる川の名前を，それぞれ答えなさい。なお，イとウは2つ答えること。

ア ＿＿＿＿＿＿＿＿＿＿＿＿＿

イ ＿＿＿＿＿＿＿＿＿　＿＿＿＿＿＿＿＿＿

ウ ＿＿＿＿＿＿＿＿＿　＿＿＿＿＿＿＿＿＿

エ ＿＿＿＿＿＿＿＿＿＿＿＿＿

3　次のうち，メソポタミア文明でうみ出されたものをすべて選んで，記号で答えなさい。
ア　甲骨文字　　イ　くさび形文字　　ウ　ハンムラビ法典　　エ　太陽暦

＿＿＿＿＿＿＿＿＿＿＿＿＿＿

ピラミッド：石を四角錐の形に積み上げた建造物で，エジプトの王の墓とされている。
くさび形文字：くさびのような形の文字で，粘土板に刻まれた。
ハンムラビ法典：バビロニアのハンムラビ王が制定したとされる法典。刑法・民法・商法などからなる。

卑弥呼の邪馬台国ってどんな国？

 弥生時代から古墳時代にかけて，日本ではどんどん稲作がさかんになっていったんだ。そして，その食料をめぐる争いが起きるようになった。そうやって勝った勢力が周辺のムラ（集落）をまとめて，「国」が登場するようになったんだよ。

 今は1つの「日本」という国だけど，当時はまだいろんな国があったんですね。

 まあ，県みたいなもんじゃないの？

 たしかに県のイメージをもつとわかりやすいかもね。
ただ，いろんな国があって，国どうしでも争っていたと考えていいよ。ちなみに，いくつくらい国があったと思う？ イツキくん！

 えっ？ いくつだろう……。県だったら，47 だけど。

> この時代の日本は，西日本が中心だったんだね。

 あっ，いい線いってる！ この時期の記録は日本にはあんまり残っていないんだけど，中国の漢王朝の歴史書 「漢書」地理志 によると，紀元前1世紀ごろ，倭（日本）には 100 ほどの国があったみたいだよ。

 けっこう多いね！ いろんな国があったんだろうね。

 その中で有力だったのが， 卑弥呼 で有名な 邪馬台国 ですか？

 そうだね。邪馬台国について書かれているのは，3世紀の中国の王朝である魏の歴史書 魏志倭人伝 で，邪馬台国の女王である卑弥呼が，倭の 30 あまりの小さな国々を従えていた，と書いてあるそうだよ（図1）。

図1

 やっぱり邪馬台国ってすごい大きな国だったんですね。

 大きい国だったかどうかは，歴史書ではわからないんだけど……。少なくとも，邪馬台国はほかの国がやっていないようなことをしていたのはたしかだね。それが理由でほかの国を従えていて，かつ歴史書でも登場する国になっているよ。なんだと思う，ユイさん？

えっ，私！？ なんだろう……。女王様だから，みんながその美貌にひれ伏していたとか？

 いや，卑弥呼の容姿とかについてはわかっていないんだよね……。
正解は，その当時の中国の王朝である魏の皇帝に使いを送って，「自分を倭の国の王だと認めてください！」とお願いしたことだよ。
中国はその当時，文明の最先端だったから，中国の後ろ盾というのはとても重要だったんだ。卑弥呼も使者を送ったことで，魏からは「」の称号と金印，そして銅鏡 100 枚などのおくりものをもらったそうだよ。

 なるほど，魏に自分たちの国のことを，美貌で認めさせた，と！

 なんでそんなに美貌にこだわってんの？

✎ 練習問題 　　　　　　　　　　　　　　　　　　　　解答解説 ▶▶ 別冊 14 ページ

1　次の問いに答えなさい。
　(1)　中国の歴史書である「漢書」地理志には，紀元前 1 世紀ごろの倭にはいくつくらいの国があったと書いてあるか，答えなさい。
　　　　　　　　　　　　　　　　　　　　　　　　　　　　　_____

　(2)　3 世紀，卑弥呼は魏・呉・蜀のうち，どの国に使者を送ったか，答えなさい。
　　　　　　　　　　　　　　　　　　　　　　　　　　　　　_____

　(3)　(1)や(2)のころ，漢に使者を送る際には，どこの郡を通して送っていたか，答えなさい。
　　　　　　　　　　　　　　　　　　　　　　　　　　　　　_____

　(4)　卑弥呼が(2)のときにあたえられた称号を漢字で書きなさい。
　　　　　　　　　　　　　　　　　　　　　　　　　　　　　_____

2　卑弥呼以前にも，中国王朝から倭国王の称号をあたえられた人物がいた。「後漢書」東夷伝には，倭の奴国の王が 1 世紀半ばに後漢に使いを送り，皇帝から金印を授けられたと書かれている。
　(1)　金印が出土したのは，47 都道府県のうちどこか。
　　　　　　　　　　　　　　　　　　　　　　　　　　　　　_____

　(2)　金印には何と書いてあったか，5 文字の漢字で書きなさい。
　　　　　　　　　　　　　　　　　　　　　　　　　　　　　_____

 邪馬台国：3 世紀の日本で 30 あまりの小国を従えていたとされる。九州北部にあったという説と，近畿地方にあったという説がある。

天皇中心の政治はいつ始まったの？

このころの日本にはいろんな氏族がいて，自分たちの墓を古墳という形で造営することで，力を誇示していた。そして，いろんな一族どうしが戦って，勝ったり負けたりを繰り返した結果，1つの国家が台頭してくる。それが，大和政権とよばれる国家だよ。

大仙古墳は代表的な前方後円墳だよ。

今の日本も，この大和政権なんですか？

そうそう。この国家の王が，今でも続く「天皇」というわけだ。

天皇って，こんな時代からいたんだな。

さて，そんな政権の中にはいろんな人たちがいた。王である天皇だけじゃなくて，地方の有力者や，中央で天皇の側にいて政治を手伝う氏族もいた。こんなふうに国を回していた氏族のことを 豪族 とよぶよ。

まあ，一人だったら国も回っていかないしね。

そんな中で，力をつけてきた有力な豪族の勢力が 蘇我氏 と物部氏だよ。6世紀ごろ，大和政権では，この2つの勢力が互いにいがみ合うような仲になっていくんだ。

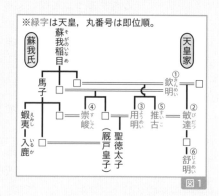
※緑字は天皇，丸番号は即位順。

図1

おおーっ，権力争いだ！ 待ってました！

なんでここでテンション上がるの？ まあいいや……。
物部氏が滅ぼされたあと，天皇になったのが 推古天皇 。日本で初めての女性天皇だった（図1）。女性の天皇だからサポートが必要ということになって，その甥っ子だった 聖徳太子 （厩戸皇子）が実務を行うことになったんだ。
こんなふうに天皇をサポートする役職のことを摂政というよ。

あっ！ いっせー先生，それは女性蔑視ですよ！

いや，歴史の勉強してるだけだから……。勘弁してよ……。まあ，たしかにこの時代はまだ女性の地位は低かったといえるかもしれないけど……。
ともかく，聖徳太子は蘇我馬子と協力しながら，天皇を中心とする政治制度を整えるために奮闘するんだ。「豪族の人たち，あんまり好き勝手するなよ。天皇があくまで中心だよ！」って感じだね。

その1つとして，　冠位十二階　という制度をつくったんだけど，これは**才能や功績で役人をとりたてる制度**だったんだ。

 えっ？ 才能や功績で役人をとりたてるっていうのは，あたり前の話じゃないの？

 まあ，この時代はコネとか血筋とか家柄とか，個人の実力よりもそういうことのほうが重視されていたんだ。実力主義の制度というのは，当時としてはとても珍しいといえる。また，　十七条の憲法　というものもつくった。これは，**仏教や儒学の考えを取り入れた，役人の心がまえを示したもの**だよ。

 聖徳太子って，けっこういろんな革新的なことをしたんですね。

 練習問題　　　　　　　　　　　解答解説 ▶▶ 別冊 14 ページ

1　右の年表を見て，次の問いに答えなさい。

(1) 年表中の①にあてはまる語句を書きなさい。

　＿＿＿＿＿＿＿＿

(2) 年表中の②にあてはまる語句を書きなさい。

　＿＿＿＿＿＿＿＿

年代	おもなできごと
589	（　①　）が中国を統一する
593	聖徳太子が摂政になる
603	（　②　）が制定される………A
604	十七条の憲法が制定される……B
607	（　③　）妹子が中国に派遣される

(3) **A**の目的は何であったか。次の**ア～エ**から選んで，記号で答えなさい。

　ア　家柄をもとにして，政治の役割を決めるため。

　イ　貴族中心の政治を行うにあたり，貴族の位を決めるため。

　ウ　有力な豪族の中だけから人材を登用するため。

　エ　家柄にとらわれず，有能な人材を役人に登用するため。　＿＿＿＿＿＿＿

(4) **B**の目的は何であったか。次の**ア～エ**から選んで，記号で答えなさい。

　ア　裁判の基準を明確にするため。

　イ　天皇の命令を役人に守ってもらうため。

　ウ　日本古来の神を信仰させるため。

　エ　朝鮮半島の国々に対して有利な立場の立つため。

(5) 年表中の③にあてはまる人物名を書きなさい。　＿＿＿＿＿＿＿

+プラスα

　大和政権：大和地方（奈良県）の有力な豪族が連合して成立した政権。政権の長は「**大王**」とよばれた。

　物部氏：大和政権の有力豪族の1つ。外国から入ってきた仏教を受け入れるかどうかで蘇我氏と対立し，最終的には蘇我氏によって滅ぼされた。

古代日本ではクーデターが起こった!?

 ということで，ついに来てしまいました。645年に起きたクーデターと，それを発端とした政治変革である 大化の改新 です。

 いきなりなんの話？

 大化の改新は，古代史に残る重要なクーデターだ。ということで，かなりびっくりなことなんだ。

 ってことは，その当時の政権が武力で交替させられたってこと？

 そういうこと。当時，力をもっていたのは，物部氏との争いに勝った蘇我氏だった。その蘇我氏の横暴に対して，中大兄皇子と 中臣鎌足 が武力でクーデターを起こしたんだ。

 ひええ，穏やかじゃないね。

 権力をにぎっていた蘇我蝦夷と入鹿の父子が打倒されたんだ。この後，中大兄皇子は 天智天皇 として即位することになる（図1）。
これらの一連の政治変革を大化の改新とよぶんだよ。

 なかなかショッキングなできごとだったんだね。

 で，このできごと以降，政治は一新されることになる。
まずは，都が難波宮に移された。そして，それまで豪族が支配していた土地や人々は，国家が直接支配する 公地・公民 というしくみに変わったよ。

 土地や人々を直接支配って，どういうこと？

 今までと同じように豪族が権力をにぎっていると，いつ蘇我氏のような豪族が再び出現するかわからないから，それをブロックするための方策だね。

 徹底的だなあ。

 そうだね。で，これによってできたのが，今でもぼくらが使っている，戸籍だね。天智天皇の時代に初めて全国でつくられるようになったんだよ。

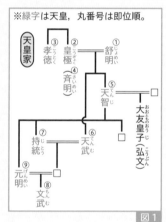

※緑字は天皇，丸番号は即位順。

図1

大化の改新を行った中大兄皇子がのちの天智天皇なんだ！

そんな天智天皇も亡くなると、**あとつぎをめぐっての乱**が起こる。それに勝って即位したのが　天武天皇　だよ。

クーデターが起こったり、後継者争いが起こったり……。なんだか大変な時代だね。

そうだね、あんまり平和な時代ではなかったね。

 練習問題　　　　　　　　　　　　　　　　　解答解説 ▶▶ 別冊 15 ページ

① 右の年表を見て、次の問いに答えなさい。

(1) **A**のときに中大兄皇子を助け、のちの藤原氏の祖となった人物名を答えなさい。

年代	おもなできごと
645	中大兄皇子らによる大化の改新が始まる…**A**
663	白村江の戦いが起こる………………………**B**
672	（　**C**　）が起こる
701	大宝律令が制定される

(2) **B**では、唐と新羅の連合軍に日本軍が敗れた。当時の唐（①）と新羅（②）の位置を、右の地図中の**ア〜エ**からそれぞれ選んで、記号で答えなさい。

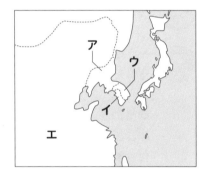

①　_____

②　_____

(3) 天智天皇のあとつぎをめぐって起こった**C**の戦いを何というか、書きなさい。

_____

(4) **C**の戦いに勝って即位した天皇はだれか、書きなさい。

_____

② 公地・公民とは、どのような原則か。「国家」「土地と人民」という２つの語句を使って、簡潔に説明しなさい。

_____

中臣鎌足（藤原鎌足）：中大兄皇子とともに大化の改新の中心となった人物。天智天皇から「藤原」の姓を賜り、藤原氏の祖となった。
蘇我蝦夷：蘇我馬子の子。聖徳太子の死後、大臣となり、政治の実権をにぎった。子の入鹿が中大兄皇子に殺害されたのち、自害した。

律令制ってどんなものか知りたい！

 いっせー先生，そういえばこの前，「土地は国のものになった」って話してたじゃん。それで思い出したんだけど，ウチのおじいちゃん，山を持ってるんだよね。土地が国のものになったのに，今っておじいちゃんの土地があるから，なんか矛盾してるなーって。

 ああ，それは，奈良時代に律令制がうまくいかなくなったからだよ。

 どういうことですか？

 701年に，唐の法律にならった 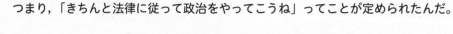 大宝律令 がつくられたんだ。**律は刑罰の決まりで，令は政治を行う上での決まり**のこと。
つまり，「きちんと法律に従って政治をやってこうね」ってことが定められたんだ。

 今だったらあたり前だけど，この時代まではあたり前じゃなかったんだね。

 そうだね。こんなふうな大宝律令による国づくりのことを律令制とよぶんだ。
それをきっかけに，公共事業が行われるようになった。都と地方を結ぶ道路には駅が設けられて，乗りつぎ用の馬が用意されたりした。

律令の決まりにもとづいて**6年ごとに戸籍がつくられて**，今にも通じる国づくりの基礎ができたんだ。

租	稲の収穫量の約3％（6歳以上の男女）
調	絹，糸，真綿，または魚などの特産品を納める
庸	労役の代わりに布を約8m納める
出挙	稲を借りて利息付きで返す
雑徭	国司の下で1年に60日以内の労役
兵役	衛士（都の警備）：1年間 防人（九州北部の警備）：3年間

 たしかにそう聞くと，すごく今と似ている！ でも，それがうまくいかなかったの？

 うん。「土地は国のもの！」という原則だったから， 班田収授法 という法律が施行されて，すべての人々に国から 口分田 があたえられたけど，これがうまくいかなかったんだ。
口分田をあたえられた人が死ぬと，土地を国に返すことになっていたんだけど，これが不評だった。「せっかく耕したのに，子供には残してあげられないのなら，そんなにモチベあがんないなー」って感じで。

男性には租のほかにもたくさんの負担があったんだね。

 当時の人が「モチベ」とか言うかな？

はは，まあ言わないだろうけどね……。あとは，税金が口分田に対して課されたんだけど，これの負担も大きかったんだよね。

当時は租・調・庸という税の種類があった。 租 は口分田の面積に応じて収穫量の約3％を負担する税， 調 は布や特産物を都まで運んで納める税， 庸 は労役の代わりに布を納める税だったんだけど，これが当時の人にとってかなり大変だったんだよね。

 それでうまくいかなくなって，ウチのおじいちゃんみたいに自分で土地を持つ人も出てきたのかー。

 そうだね！ この話は，この後の武士の時代の到来にもつながっていくよ！

 練習問題

解答解説 ▶▶ 別冊 15 ページ

1　次の文を読んで，下の問いに答えなさい。

> 710 年，唐の長安にならった①都が奈良につくられ，のちに②京都に都が移るまでの期間，政治の中心地となった。律令国家のもとで，人々には③さまざまな税や労役・兵役が課せられたため，口分田を捨ててほかの土地へ移る者も出てきた。

(1)　下線部①について，この都の名前を答えなさい。

(2)　下線部②について，この期間のことを何時代というか，答えなさい。

(3)　下線部③について，年に 10 日間の都での労役の代わりに布を納める税を何というか，答えなさい。

2　次の文中の①・②にあてはまる語句を書きなさい。

> 成年男子には都まで運んで納める税のほか，地方の雑徭や兵士となる ① の義務が課せられた。兵士の中には， ② として遠く九州北部の防衛に送られる者もいた。

①　　　　　　　　　　　　　　　②

3　国ごとの国府に，都から派遣された役人を何というか，答えなさい。

 戸籍：税を徴収し，兵を集めるための人民の基本台帳で，6 年ごとに作成された。
班田収授法：戸籍にもとづき，6 歳以上の男子には 2 段，女子にはその 3 分の 2 を口分田として支給し，税を徴収した。

原始・古代

CHAPTER 2

081

藤原氏はどうやって権力をにぎったの？

ねー先生，なんか平安時代の勉強してたら，急に藤原氏が出てきたんだけど，あの人たちって，一体なんなの？ 別に天皇ってわけでもないんでしょ？ なんでいきなり日本を牛耳りだしたの？

藤原氏かぁ……。じゃあ，そこらへん解説しようか。そもそも，藤原氏の祖先は中臣鎌足なんだ。

えっ!? あの，大化の改新のときに出てきた人!?

そうそう。中臣鎌足が死に際に，天智天皇から当時最上級の冠位だった「藤原」の姓を賜ったのが，藤原氏の始まりなんだ。

そうなんだ！ そりゃ，強い権力をもっているわけだ。

そうそう。それからしばらくして平安時代になった。 桓武天皇 が平安京に都を移したわけだけど，藤原氏は天皇と自分の娘を結婚させて，天皇家の親戚になっていったんだ（ 図1 ）。天皇はとても偉いわけだけど，藤原氏はその天皇の義理の父親になるわけだね。

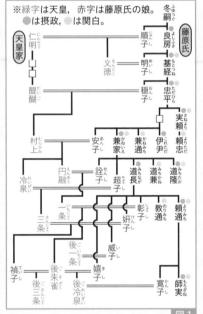

※緑字は天皇，赤字は藤原氏の娘。●は摂政，●は関白。

図1

なるほど。天皇がいくら偉くても，意見を聞かざるを得なくなりそう……。

で，后である藤原氏の娘と天皇の間に子供がうまれたら，必然的にその子は皇太子になる。つまりは，次の天皇になるわけだ。こうなると，藤原氏はもう天皇のおじいちゃんになれるわけ。

こんなにたくさん，藤原氏の娘たちが天皇の后になったんだ！

そっかあ……。

そんで，天皇が小さいときには，摂政として代わりに政治を行い，天皇が成人してからは，関白として天皇を補佐したんだ。これを 摂関政治 というよ。
こうなったらもう，だれも彼らの政治システムに口出しできないわけだね。
これをやった代表例が 藤原道長 だね。「この世をば 我が世とぞ思う 望月の 欠けたることも 無しと思えば」，なんて歌もよんでいる。

どういう意味?

 「ぶっちゃけ,全部オレの思いどおりだよね,ヒャッハー!」って意味だ。

 調子乗ってるね……。

 で,その子供の 藤原頼通 も要職について,藤原氏の支配は盤石（ばんじゃく）なものになっていったんだ。
「道が長くて（道長（みちなが））,寄り道（頼通（よりみち））しちゃった」って覚えるといいよ。

練習問題

解答解説 ▶▶ 別冊 16 ページ

1 桓武（かんむ）天皇の政治についてあてはまるものを,次から選んで,記号で答えなさい。
　ア　蘇我（そが）氏をたおし,中央集権国家の建設を進めた。
　イ　役所を整理したり,国司（こくし）の監督（かんとく）を強めたりした。
　ウ　冠位十二階（かんいじゅうにかい）を定めて,有能な豪族（ごうぞく）を役人とした。
　エ　国ごとに国分寺（こくぶんじ）と国分尼寺（こくぶんにじ）を建てた。

2 次の問いに答えなさい。
　(1)　藤原氏が摂政や関白の位を独占（どくせん）して行った政治を何というか,答えなさい。

　(2)　「この世をば 我が世とぞ思う 望月の 欠けたることも 無しと思えば」という歌をよんだ人物はだれか,書きなさい。

　(3)　(2)の子供で,平等院鳳凰堂（びょうどういんほうおうどう）を建立した人物はだれか,書きなさい。

 プラスα

摂政：天皇が女性や幼少のとき,天皇に代わって政治を行う役職。もともとは皇族の聖（しょう）徳太子（とくたいし）や中大兄皇子（なかのおおえのおうじ）がついていたが,9世紀に藤原良房（よしふさ）が皇族以外で初めてこの役職についた。

藤原道長：4人の娘を天皇の后として,みずからは摂政や太政大臣（だいじょうだいじん）となり,摂関政治（せっかんせいじ）の全盛期をきずいた。

藤原頼通：藤原道長の子で,約50年間にわたり摂政・関白として実権をにぎった。平等院鳳凰堂を建立したことでも知られる。

律令制はなぜうまくいかなくなったの？

 イツキくんって，武士とか好きそうだよね。

 好き好き！ かっこいいし，武士が出てくるゲームとかやっちゃう！

 そうだね。今でもゲームや漫画で武士ってよく登場するんだけど，その武士が登場したのが，大化の改新から続く律令制と，どうつながっているか知ってる？

 えっ!? 大化の改新とか関係あるの？

 うん。簡単に言うと，「大化の改新で決められた公地・公民の原則がくずれたから，武士がうまれた」っていう話なんだ。
701年に，唐の法律にならった大宝律令がつくられたことは，習ったよね。そのときに「土地は国のもの！」という原則に従い， 班田収授法 という法律が施行されて，国から口分田があたえられた。ただ，人々にはそれが不評だったので，耕作放棄の土地がふえてしまったんだ。

 税の負担が重いのと，一世代で土地を返さなければならないのが嫌だったんでしょうね。

 そうだね。国はこの現状を見て，723年に「じゃあ3世代は相続してオッケーにしよう！」ということで 三世一身法 を出した。
でも，これでもうまくいかなかったので，今度は「じゃあ開墾した土地は全部自分たちのものにしちゃっていいよ！」ってことになって，743年に 墾田永年私財法 を出すことになったんだ。

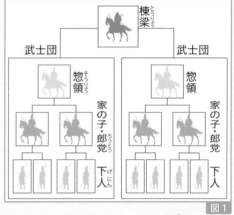
図1

 ええっ？ それって公地・公民の原則から外れてない？

 そうなんだよー。このとき，貴族とか大きな寺院や神社は，新しい土地を探して，近くに住む農民を雇って，土地を耕させたんだよ。これで自分の私有地をゲットしたわけ。これを 荘園 とよぶんだ。

 うげえ！ 墾田永年私財法が，結局は私有地の獲得につながってしまったんだね。

都の武士と地方の武士とでは，役割が違うんだね。

そういうこと。それで，こうやって荘園を手に入れた貴族は，今度は隣の土地との境界争いとか役人との争いで戦ってくれるような人を探した。
「オレらの土地は，オレらが守らないと！」っていう感じで，農民の中にも武装する人も出てきた。こうやって出てきたのが，武士だったんだ。

おお，ここで武士が登場か！

これらの武士が集まって 武士団 （図1）になることで，平安時代以降に武士が活躍する流れができてくるよ！

✏️ **練習問題**　　　　　　　　　　　　　　　　解答解説 ▶▶ 別冊 16 ページ

1 次の文を読んで，下の問いに答えなさい。

> 人口増加などによって口分田が不足したことで，税収がへったため，朝廷は人々に開墾を奨励した。
> 723 年に開墾した土地を一定期間私有できる ① が出されたが効果がなく，743 年には開墾した土地をいつまでも所有できる ② が出された。私有できる土地であっても，すべての土地は朝廷が支配しているため， ③ を納める必要があるが，有力な貴族や寺社は農民を使って私有地を拡大し， ④ が形成された。
> これによって，律令国家の ⑤ の原則はしだいにくずれていった。

⑴　文中の①〜⑤にあてはまる語句を答えなさい。

① ＿＿＿＿＿＿＿＿　② ＿＿＿＿＿＿＿＿　③ ＿＿＿＿＿＿＿＿

④ ＿＿＿＿＿＿＿＿　⑤ ＿＿＿＿＿＿＿＿

⑵　②の法令の内容を，「開墾した土地」という語句を使って，簡潔に説明しなさい。

＿＿＿＿＿＿＿＿＿＿＿＿＿＿＿＿＿＿＿＿＿＿

⑶　①・②の法令の前に出されていた，口分田を支給する法令は何か，答えなさい。

＿＿＿＿＿＿＿＿＿＿＿＿＿＿＿＿

2 平安時代の半ば，武装して土地や財産を守る豪族や有力農民などが登場した。これらの人々のことを何というか，答えなさい。

＿＿＿＿＿＿＿＿＿＿＿＿＿＿＿＿

三世一身法：新しく開墾した者は 3 代にわたり，その土地を自由に耕作できるとした法律。土地の返還時期が近づくと耕作されなくなり，効果は上がらなかった。

墾田永年私財法：新たに開墾した土地の私有を認めた法律。これにより，のちに有力者が荘園とよばれる土地をふやしていき，公地・公民がくずれた。

Q&A 06 やる気がまったく起きないとき，どうしたらいい？

イツキ

いっせー先生，勉強しようと思っても，やる気がまったく起きないときって，どうしたらいいの？

いっせー先生

イツキくん，そういうときはね……
思い切って寝てしまうのだ!!

えーっ!?
冗談はいいから……。

いやいや，大マジメだよ！
やる気が出るのを待ってダラダラやるよりは，思い切って寝てしまうのもアリ。

気分が乗らないなら，まずは思い切って寝て，気持ちを切り替えるといいよ。目覚めてスッキリしたら，またやる気がわいてくるから。
それに，睡眠不足はストレスや不安の原因にもなる。テスト前や受験前こそ，ちゃんと寝たほうがいいね。

そうなんだ。じゃあ，さっそく寝ようっと。

COMMENTS

こーさく先生

たしかにそういうときって，寝るのが一番だとぼくも思うなあ～。
勉強しなきゃいけないときに寝るのって罪悪感があると思うけど，集中力のない状態でやるよりは，次の日にしっかり勉強するほうが効率はいいよ！

勉強開始までに時間がかかる。何かよい方法は？

いっせー先生，勉強しようと思っても，なかなか始められないんです。どうしたらいいですか？

リン

いっせー先生

リンさんに限らず，人間は基本的になまけものなんだ。それでも毎日すべきことを続けるにはどうしたらいいか。それはね，習慣化してしまうこと。

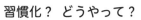 習慣化？ どうやって？

たとえば，お風呂って意外と工程が多いし，けっこうめんどうだけど，とくに何も考えないで毎日入るよね。それって，すでに習慣化されているから。だから，勉強もお風呂みたいにすればいい。

「毎日何時になったら勉強する」とか，「帰宅後，夕飯を食べるまで勉強する」とか，自分との約束事を決めて，そのタイミングになったら何も考えずに機械的に始める。それを続けていくうちに習慣化されて，自動的に始められるようになるよ。

自動的！ いいですね。
習慣化を目指してみます。

COMMENTS
すばる先生

誘惑が多いと，どうしても勉強が後回しになっちゃうよね。そんなときは，机に向かうハードルを低くしてみてはどうかな？ たとえば，最初の5分間は好きな科目の勉強や，昨日覚えた英単語の復習をするなど，気軽に始められるものから取り組んでみよう。

源氏や平氏ってどこから出てきたの？

先生，源義経ってかっこいいよね！　その当時，最強だった平氏をたおしたんでしょ？
すごいよね！

あー，義経ね。日本史の中で最も人気がある人物の一人だよね。その悲劇的な最期もふくめて。でもイツキくん，源氏とか平氏とかって，どこから出てきたのか知ってる？

知らない！

清々しいな……。じゃあ，まずはそこらへんを話そうか。
この当時，藤原氏の政治によって国が荒れていた。税が高くて，土地を捨てて逃げた人がそのまま盗賊になったりしていたからね。そこで武装する人たちが出てきて，集団化するようになった。そうして，　武士団　ができてくるんだね。
その中で頭角を現すようになったのが，平氏と源氏なんだ。

おお！　そうやって登場したんだね！

武士たちは，力の弱まった朝廷に対して，どんどん存在感を出すようになっていった。
たとえば，源氏は前九年合戦と後三年合戦という戦乱を平定して，関東で頭角を現した。また平氏も，瀬戸内海の海賊討伐で存在感を示した。
そんなときに起こった　保元の乱　では，源氏と平氏は一族の中で敵味方にわかれて戦争することになったんだ（図1）。

保元の乱の対立図式

	天皇家	貴族	平氏	源氏
勝者	後白河天皇	藤原忠通	平清盛	源義朝
敗者	崇徳上皇	藤原頼長	平忠正	源為義 源為朝

図1

あれ，源氏と平氏がわかれてる。源氏どうしでも，平氏どうしでも戦ってるんだね。

この時代はそんな感じなんだよ。で，保元の乱で勝利した後白河天皇はその後に権力をにぎるんだけど，平氏と源氏はその後に起こった　平治の乱　で「決勝戦」をやることになる。
すなわち，「この前の保元の乱で勝ったものどうしが争って，最後に勝ったほうがこれからの時代をになうぜ！」って戦いだね。

おー！　熱い！　源氏が勝ったの？

平清盛は日本で初めて武士の政権を立てた人物だよ。

いいや，平氏が勝った。そしてその後，平氏の世の中になっていく。その中心人物こそが， 平清盛 だね。日宋貿易でばく大な利益を得て，太政大臣の職もゲットして，「平氏にあらずんば人にあらず」なんて言われる時代になっていった。

 えー。平氏がそんなに権力をにぎるんだ。

 しかしもちろん，これでは終わらない。平氏に敗れた源義朝の子供で，戦の天才だったのが，かの有名な源義経だ。彼の活躍により，源氏は大勝利を収め， 壇ノ浦の戦い でついに平氏を滅ぼすことになったんだ。諸行無常ってやつだねぇ。

練習問題

解答解説 ▶▶ 別冊 17 ページ

1 次の年表と地図を見て，下の問いに答えなさい。

年代	おもなできごと
935	平将門の乱が起こる…**A**
1086	院政が始まる…………**B**
1159	平清盛が源氏を破る…**C**
1167	平清盛が（ ① ）になる
1185	平氏が滅びる

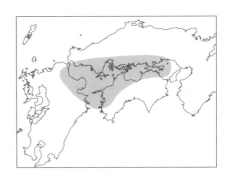

(1) **A** のころ，地図中のグレーの地域で反乱を起こした人物はだれか，書きなさい。

_____

(2) **B** について，院政を始めた上皇はだれか，書きなさい。 _____

(3) **C** について，この戦いを何というか，答えなさい。 _____

(4) **C** について，この戦いで平清盛が戦った相手を次から選んで，記号で答えなさい。
ア　源義朝　　イ　藤原頼通　　ウ　坂上田村麻呂　　エ　源義家

_____

(5) 年表中の①にあてはまる，平清盛が武士として初めてついた位を答えなさい。

_____

平清盛：平氏の棟梁で，保元の乱・平治の乱に勝利した。武士として初めて太政大臣となり，娘を天皇の后とし，政治の実権をにぎった。
日宋貿易：平安時代後期に大輪田泊（神戸港）を中心として行われた民間の貿易。銅銭・絹織物・陶磁器などが輸入され，硫黄・刀剣などが輸出された。

源頼朝はなぜ幕府を開くことができたの？

 いっせー先生，そもそも幕府ってなんなのでしょう？　なんでいきなり天皇の政治が終わって，武士が政治をするようになったんですか？　クーデター？

 あー。まず，この当時の天皇とか貴族とかって，もう権力が衰えた状態なんだよね。国をまとめるだけの力が全然なかった。武士のほうがよっぽど力をもっていたわけだ。
だけど，武士もまだ国を全部牛耳ることはできない。だから，天皇が　源頼朝　に「征夷大将軍」っていう役割をあたえたんだ。

 ああ，聞いたことあります，その役割。

 意味合い的には「朝廷の敵をたおすリーダー」みたいな役割なんだけど，この役職が，幕府を開く根拠になっていくんだ。
「治安が悪いので，朝廷の敵を打ち滅ぼすために，自分がリーダーになって治安を守ります」っていう感じで，人を集めて政治を牛耳ることができるようになった。
幕府は，こうしてつくられたわけだね。

将軍と御家人は御恩と奉公の関係で結びついていたんですね。

 はあ，なるほど。それはまた，こじつけというかなんというか。

 ただ，実際に幕府は，その役割を果たしたといえる。もともとの摂関政治だとか院とか国司とか，そこらへんのしくみ自体は残っていて，形式的には朝廷と幕府が国を守っている，という感じだったんだ。
そして，治安維持のために守護と地頭という役職を置いて，国の整備に努めた。
また，将軍は　御家人　という家来との間に主従関係を結んだりもした。御恩と奉公，ってやつだね。

 でも，御恩と奉公って，いまいちピンと来ないんですよね。

 まあ，会社を想像するとわかりやすいんじゃないかな？　会社って給料を払って，その代わり従業員に労働してもらうじゃん？　それと同じで，幕府の将軍が御恩という形で土地をあたえるから，その代わりに御家人が奉公という形で幕府のために戦うわけだ。

 なるほど，それならわかる気がします。

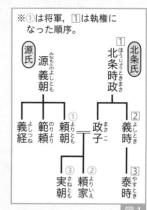

※①は将軍，①は執権になった順序。

図1

源頼朝の後，息子の源頼家が継いだんだけど，頼家はあんまり人望もなくて，将軍の権威は下がってしまった。

そのときに，源頼朝の妻だった 北条政子 の実家，北条氏が力をもつようになったんだ（図1）。で，政治の実権をにぎるようになって，その地位が 執権 とよばれた。

 将軍の親戚が実権をにぎって政治を行うだなんて，執権ってなんだか，摂関政治みたいですね。

 歴史は繰り返すってことなのかねえ。ただそんなことがあってもまだ幕府は強くって，後鳥羽上皇が衰えた朝廷の権力の復活を図って幕府に戦いを挑んだんだけど，これを打ち破ったんだ。これを 承久の乱 とよぶよ。

そしてこの後，西日本を統治するための 六波羅探題 がつくられたんだ。

✏️ 練習問題

解答解説 ▶▶ 別冊 17 ページ

1 右の図は，鎌倉幕府における主従関係を示したものである。これを見て，次の問いに答えなさい。

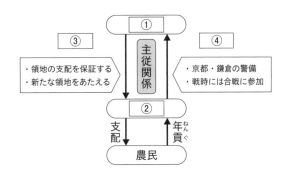

(1) 図中の①・③・④には漢字2文字，②には漢字3文字の名称が入る。あてはまる語句をそれぞれ答えなさい。

① ＿＿＿＿＿＿ ② ＿＿＿＿＿＿ ③ ＿＿＿＿＿＿ ④ ＿＿＿＿＿＿

(2) 源頼朝が天皇から任じられた役職は何か，答えなさい。 ＿＿＿＿＿＿＿＿

(3) 源頼朝の妻・政子の父親で，源頼朝が死んだあとに幕府の実権をにぎった人物はだれか，書きなさい。
＿＿＿＿＿＿＿＿

(4) 承久の乱ののち，幕府が朝廷の監視のために京都に置いた役職を何というか，答えなさい。
＿＿＿＿＿＿＿＿

執権：鎌倉幕府の将軍を補佐する役職。初めは大江広元が執権だったが，のちに北条氏がその地位を独占して，政治の実権をにぎった。

承久の乱：源氏の将軍が3代でとだえたことをきっかけとして，後鳥羽上皇が朝廷に政権を取り戻そうとして起こした。後鳥羽上皇は敗れて隠岐に流され，幕府は朝廷を監視するための六波羅探題を設置した。

モンゴル帝国 VS 日本，どっちが勝った？

 冷静に考えると，元寇ってマジやばいよね，いっせー先生。

 唐突だなぁ。まあでもたしかに，あれは日本史の中でも類を見ないというか。日本がほかの国からガチで攻められたのって，歴史上，元寇と第二次世界大戦だけだからなぁ。

図1

 え，なんの話？ 元寇？

 そう，元寇。蒙古襲来（図1）ともいうんだけど，**1274 年と 1281 年に，元という国が日本に攻めて来たんだ。**

 元軍は火薬を使った武器を持っているのがわかるね。

 え，日本に攻めにきたの!? 怖っ！

 実際怖いできごとだよ。13 世紀は「モンゴルの世紀」なんて言われているくらい，モンゴル民族が強かった時代なんだ。 チンギス・ハン が中国北部のいろんな民族をたおしてモンゴルを統一し，その孫の フビライ・ハン が元という国をつくった。そして，次々と周辺諸国をたおしていき，ついに日本も標的にされたんだ。

 日本って島国だから，あんまりほかの国から攻められることってないよね。だからこそ，当時の日本の人たちはとても怖かったんだろうね。

 当時の執権は北条時宗だった。1 回目の 文永の役 ではあまり対策ができていなかったんだけど，そのあと博多湾岸に防壁を築いたりして，相当な対策をした。そこで 2 回目の 弘安の役 では，元軍を迎え撃ったんだ。

 それで，どうなったの？ 日本は大丈夫だったの？

 結果から言うと，御家人たちがめっちゃがんばったおかげで，なんとかなった。嵐が起こったことも日本軍の味方をして，元軍を追い返すことに成功した。なんだけど，今度は別の問題が浮上することになる。

 え，何？

ご褒美が出なかったんだ。普通，御家人に対しては御恩として土地を渡すわけなんだけど，今回は防衛戦だったから，勝っても何も得るものがなかった。
だから，御家人たちの生活は困窮することになってしまった。多くの人が，借金をしてまで武具や馬をそろえて，元軍と戦っていたからね。

それで，幕府はどうしたの？

うん。 徳政令 という法令を出したんだ。「借金はチャラね！」ってこと。

練習問題

解答解説▶▶別冊 18 ページ

1 右の年表を見て，次の問いに答えなさい。

年代	おもなできごと
1271	モンゴルが国号を元とする…A
1274 1281	元が２度にわたり襲来する…B
1297	徳政令が出される……………C
1333	鎌倉幕府が滅亡する

(1) A について，モンゴル帝国の初代の皇帝はだれか，答えなさい。

(2) A について，都を大都に移し国号を元と定めたのはだれか，答えなさい。

(3) A について，元に服従した朝鮮半島の国を次から選んで，記号で答えなさい。
ア 高麗　イ 朝鮮国　ウ 新羅　エ 高句麗

(4) B のときの鎌倉幕府の執権を次から選んで，記号で答えなさい。
ア 北条時政　イ 北条時宗　ウ 北条政子　エ 北条泰時

(5) B が起こったときの元号を次から２つ選んで，年代のはやい順に答えなさい。
ア 弘安　イ 保元　ウ 文永　エ 平治　オ 承久

(6) C は具体的にはどのようなものだったか，30 字以内で書きなさい。

＋プラスα

北条時宗：鎌倉幕府の８代執権。禅宗を信仰し，鎌倉に円覚寺を建立したことでも知られる。
徳政令：御家人が失った土地を無条件で取り戻すことができる法律。元寇のための戦費をみずから負担し，その借金で土地を手放すことになった御家人に対する救済措置。

34 足利尊氏（あしかがたかうじ）はどうやって幕府を開いたの？

 鎌倉（かまくら）幕府も，滅（ほろ）びちゃうんだね，いっせー先生。

 そうだねえ。150年くらいで滅んでしまうことになった。やっぱり徳政令（とくせいれい）を出したことでかなり不満が出て，そのタイミングで　後醍醐天皇　に反乱を起こされた。有力な御家人（ごけにん）だった　足利尊氏　は幕府を見かぎって，後醍醐天皇の味方についてしまったんだ。

 えーっ！ 裏切り者なんじゃん，足利尊氏‼

 まあ，そうなんだよね。で，鎌倉幕府がたおれたあとは，後醍醐天皇が天皇中心の政治を目指して　建武の新政　を行った。**幕府ではなく，天皇中心の政治に戻（もど）そうとした**んだ。
でも，わずか2年半でそれはくずれることになる。

 2年半⁉ はやっ！ なんで⁉

 一言で言うと，後醍醐天皇は変革を急ぎすぎたんだな。今までの流れとは全然違うものだったから，人々に反感をもたれてしまった。武士を軽視して貴族を重視するような政策を行ったのも，失敗の要因だと言われている。
で，そのときに「ぜひ幕府をやってください！」って多くの武士に望まれたのが……。

 さっきの足利尊氏？ えー，なに？ 2回も裏切ってんじゃん。

 そのときの状況（じょうきょう）では，どうしようもなかったと思うけどね。
で，後醍醐天皇は吉野（よしの）（奈良県）に逃（のが）れて対抗（たいこう）することになる。「幕府なんて認めないぞ！」ってね。これが　南朝　だね。
でも足利尊氏は，京都の町を手中におさめていたから，**光明天皇（こうみょう）を立てて，北朝とよばれる朝廷（ちょうてい）をつくった**んだ。「後醍醐天皇側はダメだ！ 光明天皇こそが本当の天皇だ！ そしてその天皇から，自分は認めてもらっている！」と。

 なんつーか，両方ともいろいろひどいね。

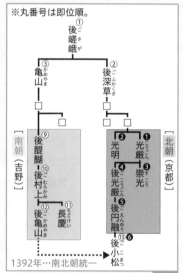

※丸番号は即位順。

後嵯峨（ごさが）
├ ③亀山（かめやま）
└ ②後深草（ごふかくさ）

【南朝（吉野）】
⑨後醍醐（ごだいご）
⑩後村上（ごむらかみ）
⑪長慶（ちょうけい）
⑫後亀山（ごかめやま）

【北朝（京都）】
①光厳（こうごん）
②光明（こうみょう）
③崇光（すこう）
④後光厳（ごこうごん）
⑤後円融（ごえんゆう）
⑥後小松（ごこまつ）

1392年…南北朝統一

図1

この時代，天皇が同時に2人いたんだね！

これが， 南北朝時代 の始まりだ（図1）。そこから約60年間，南朝と北朝で争う
ことになっていくんだ。

 そんなことしてて，国は大丈夫なの？

 いやあ，大丈夫じゃなかったんだよねえ……。ここから，戦国時代の動乱に進んでいく流
れができてしまったわけなんだよな。

✏️ 練習問題

解答解説 ▶▶ 別冊18ページ

1 鎌倉幕府をたおすために立ち上がった武士としてあてはまるものを次から選んで，記号
で答えなさい。

ア 北条時政 　　**イ** 楠木正成 　　**ウ** 源義家 　　**エ** 平将門

_____

2 次の文中の①・②にあてはまる語句を答えなさい。

> 鎌倉幕府の滅亡後， ① 天皇がみずから行った新しい政治を ② という。
> ① 天皇は1334年に元号を建武と改め，それまでの院・摂関・幕府の政治を否定
> し，天皇中心の独裁政治を行った。

① _____ ② _____

3 南朝が置かれた場所を，漢字2文字で答えなさい。

_____

4 南北朝の動乱の中で，幕府から強い権限をあたえられ，一国をまとめて支配するように
なっていった守護を何というか，答えなさい。

_____

建武の新政：鎌倉幕府をたおした後醍醐天皇が行った天皇中心の政治。公家中心の政治
　　　だったため，武士からの不満が大きくなり，足利尊氏の反乱によって2年半しか続か
　　　なかった。
南北朝時代：足利尊氏が京都で光明天皇を立てた北朝と，朝廷を吉野に移した後醍醐天
　　　皇の南朝が並立した時代。1392年に足利義満が南北朝を統一するまで続いた。

戦国大名はどんなふうに登場したの？

いっせー先生，戦国大名（図1）って，一体どうやって登場したんですか？ 歴史習っていると，けっこうあっさり出てくるんですが。

戦国大名の支配地域（1560年ごろ）

秋田
南部
最上
武田　上杉　伊達
浅井
尼子　山名　朝倉　佐竹
京都　今川
毛利　　堺
龍造寺　　　　織田　北条
長宗我部　三好
大友
島津

図1

あー。そもそも鎌倉幕府と室町幕府では，地方の武士たちのあつかいが全然違ったんだよね。室町幕府って，南北朝時代もあって権力が分散していたから，地方の武士たちには自分の仲間になってもらうために，いろんな権限をあたえていたんだよね。

ああ，なるほど。人を仲間にするには，支配ではなく自由をあたえるのが一番ですからね。

この中から，全国統一を目指す大名が現れたんですね。

なんだか怖いこと言ってる……。まあそんなわけで，鎌倉時代の守護よりも権限があったから 守護大名 とよばれるようになったんだ。
この守護大名たちが力をつけて，のちに 戦国大名 となっていくわけだ。

自由をあたえすぎて，室町時代は逆に求心力がなかったんですね。やはりアメとムチ，両方の使い分けが大事ということですね。

さっきからいちいち怖いんだけど，まあそういうことだな。
幕府は明（中国）との 勘合 貿易でもうけたりしていたんだけど，将軍がぜいたくしたせいで幕府の財政状況が厳しかった。そして，土地は荒れて，いろんな一揆も起こった。農民たちが「徳政令を出せ！」「自分たちの自治を認めろ！」みたいな感じで怒るようになったんだ。

徳政令，鎌倉時代に出されたのは知っていたけど，この時代にも出てくるんですね。

そうだねぇ。で，そんな中で室町幕府の政治を根本から揺るがすことになる事件が起こる。
15世紀後半に11年間も続いた 応仁の乱 というできごとだね。

ああ，京都の人が「戦後」っていうときは，第二次世界大戦後ではなく応仁の乱のあとだと考えるっていう，あの。

さすがにそれは誇張されているらしいけど，大きな戦いだったことは間違いない。
8代将軍の 足利義政 のとき，将軍のあとつぎ問題をめぐって，当時の有力な守護
大名だった細川氏と山名氏が対立したんだ。そこにいくつかの守護大名の相続争いがから
んで，東軍と西軍にわかれての戦乱に発展していった。京都から始まった戦乱は全国に広
がり，各地でそれまでの支配構造がくずれていった。
応仁の乱以降，各地の戦国大名たちが活躍する，戦国時代に突入するわけだ。

✏ 練習問題

解答解説 ▶▶ 別冊 19 ページ

1 右の地図は，室町時代の海上交通を示した
もので，当時の日本は A・B 国と貿易を行
っていた。地図中の A・B の国名を書きな
さい。

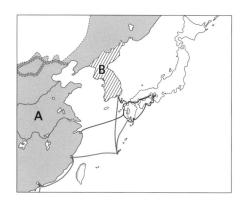

A _____

B _____

2 右の資料は，室町時代に日本と 1 の A 国との貿易で用いられた合い札
である。2 つに割って使ったこの合い札を何というか，漢字で書きな
さい。

_____

3 次の文中の①〜④にあてはまる語句を答えなさい。

> 室町幕府の 8 代将軍 ① のあとつぎ争いに ② 氏と山名氏の対立もからんで，
> 1467 年， ③ という戦いが起こり，全国に戦乱が広まった。
> こうした中で，幕府の権威は名ばかりとなり，実力のある下位の者が上位の者に取っ
> て代わる風潮が現れた。独自に一国を支配するようになった守護大名や，その守護大
> 名をたおしていく者が現れ，彼らは ④ とよばれた。

① _____ ② _____

③ _____ ④ _____

➕プラスα

勘合貿易：日本が明と貿易を行う際，正式の貿易船には勘合という合い札があたえられ
た。銅銭・絹織物・陶磁器などが輸入され，銅・硫黄・刀剣などが輸出された。

足利義政：室町幕府の 8 代将軍。京都の東山に銀閣を建立し，義政の時代には東山文化
とよばれる文化が栄えた。

信長はどうやって天下統一を目指したの？

 戦国時代は，**下の立場の人間が上の立場の人間を裏切って上に行く** 下剋上 の風潮があったとされているね。
そんな中で戦国大名たちは，各地で兵力を集め， 城下町 をつくり， 分国法 という独自のルールで国を治めていた。

図1

 いろんな国が日本にいっぱいあるイメージなんですね。独自のルールがあったり。

 そうそう。そんな中で頭角を現したのが 織田信長 だった。
彼は，尾張という小国の大名でありながら，どんどん有力な武将をたおしていった。
彼の強さの裏には，種子島に漂着したポルトガル人から伝えられた 鉄砲 をいちはやくゲットしていたことがあったと言われている（図1）。

長篠の戦いは，織田信長が大量の鉄砲を使って武田軍を破った戦いだよ。

 鉄砲……。たしかに強そう。

 鉄砲は，昨日まで農民やってた人たちでも簡単に使いこなせてしまうからね。それでいて，めちゃくちゃでかい音が鳴るでしょ？　あの発射音が，敵の士気を下げたと言われているよ。

 織田信長って，すごい人だったんだね。

 そうだね。経済の発展のために楽市令っていうのを出して，安土の城下町ではよそ者でも新参者でも自由に商売ができるようにしたり（楽市・楽座），貿易で繁栄していた堺の町を治めたり……。とにかくすごい人だったんだけど，最後は家臣の明智光秀に本能寺の変でたおされたんだよ。

 「敵は本能寺にあり！」っていうやつですね。

 それは実際に言ったかわからないらしいけどね……。そのあとを継いで天下を統一したのが 豊臣秀吉 だった。
もともと農民出身の身分だった彼は，その能力を認められて信長に重用されていたんだ。で，本能寺の変のあとに「信長の後継者」を名乗り，明智光秀を破って天下を統一したんだ。そして，大阪城をつくって，そこを天下統一の本拠地とした。

なんだか，織田信長もそうだけど，「たたき上げ」の人が天下を統一したんですね。もともと弱小だったり，もともと農民だったり。

そうだね。戦国時代は，だから面白いんだよ。

✎ 練習問題

解答解説 ▶▶ 別冊 19 ページ

1 次の A ～ E の文について，織田信長の行ったことには「**ア**」，豊臣秀吉が行ったことには「**イ**」を，それぞれ書きなさい。

A 一揆を防ぐことを理由に農民から武器を取り上げた。
B 市場の税を免除するなど，安土などの城下町では自由に商工業ができるようにした。
C 全国の田畑の面積や収穫高を調べて年貢を決め，耕作する農民に納めさせた。
D 明の征服を計画し，朝鮮が協力を断ると，大軍を送って朝鮮を侵略した。
E 足利義昭を京都から追放し，室町幕府を滅ぼした。

A ＿＿＿＿＿ B ＿＿＿＿＿ C ＿＿＿＿＿ D ＿＿＿＿＿ E ＿＿＿＿＿

2 右の地図を見て，次の問いに答えなさい。

> 織田信長は，地図中の ｜ A ｜ の島に伝来した ｜ B ｜ という武器を用いて，天下統一を果たそうとした。

(1) A の島の名前を答えなさい。

＿＿＿＿＿＿＿＿＿＿

(2) B には漢字 2 文字の武器の名前が入るが，それは何か，答えなさい。

＿＿＿＿＿＿＿＿＿＿

(3) B の武器を日本にもたらしたのは，どこの国か，答えなさい。

＿＿＿＿＿＿＿＿＿＿

3 次の文中の①～③にあてはまる語句を書きなさい。

> 戦国大名は城の周りに家来を集め，商工業者を招き，｜ ① ｜町をつくった。また独自の ｜ ② ｜ 法を定めて，支配下の武士や民衆を取り締まり，国全体を統治するようになった。戦国大名が国中に並び立ち，争った時代を ｜ ③ ｜ 時代という。

① ＿＿＿＿＿ ② ＿＿＿＿＿ ③ ＿＿＿＿＿

本能寺の変：織田信長の家臣だった明智光秀が，信長の命令で中国地方に出陣する途中で，京都の本能寺に滞在していた信長を襲い，自害させたできごと。

日本は世界有数の平和な国だった!?

 2人とも，この屋上は立ち入り禁止だよ。こんなところで何してるの？

 あ，いっせー先生。空を眺めて平和を謳歌してたんですよ。でも，刺激がないとつまんない……。日本，平和すぎ！

 まぁ，日本は400年前から世界でも有数の平和な国だったからね。

 え，そんなに昔から!?

 400年前というと，ちょうど江戸時代だよね。征夷大将軍に任じられた 徳川家康 が江戸幕府を開いて始まったんだっけ？

 そのとおり。この時代は 幕藩体制 とよばれるしくみで日本を治めていたんだ。
幕藩体制とは，幕府と藩で全国を治めるしくみのこと。日本の中に藩という小さな国みたいなものがたくさんあったのだけれど，藩と幕府が協力して全国を支配していたんだよ。

凡例
■ 幕領
■ 親藩・譜代大名の領地
□ 外様大名の領地

図1

 それがどうして平和になるの？

 藩を3つに区分けして，お互いに監視させていたんだ。徳川の親戚の親藩，関ヶ原の戦い以前から徳川の家来だった譜代，関ヶ原の戦い以降に家来になった 外様 ，とそれぞれの藩で立場が違ったんだよ（図1）。
で，親藩・譜代は江戸の近くに，外様は江戸から遠くに配置することで，反乱が起こっても大丈夫なようにしていたんだよね。
さらに， 武家諸法度 というルールを決めて，これに違反した大名を厳しく処罰するなどして，徹底的に平和を維持しようとしたんだ。

江戸の近くに，親藩・譜代大名が集まっているね。

 へぇ〜。

 そのうえ， 参勤交代 というルールがあった。3代将軍徳川家光の時代につくられたルールで，諸大名の妻子を江戸に住まわせて，大名は1年ごとに江戸と領国を往復しながら生活するという制度だった。

なるほどね。そんな昔にも，いろんなルールってあったんだねー。

ま，その前に2人にはまず，校則をキッチリ守ってもらわないとだね……。

✏️ **練習問題**　　　　　　　　　　　　　　解答解説 ▶▶ 別冊 20 ページ

1️⃣ 次の年表の a ～ f にあてはまる語句を答えなさい。

1600 年	徳川家康が [**a**] の戦いで，豊臣方に味方した [**b**] を破った。
1603 年	徳川家康が [**c**] に任じられて江戸幕府を開いた。
1615 年	徳川家康が [**d**] で豊臣氏を滅ぼした。
	2 代将軍徳川秀忠が [**e**] を制定して大名を統制した。
	[**f**] を制定して天皇や公家を統制した。

a _____　　b _____　　c _____

d _____　　e _____　　f _____

2️⃣ 江戸時代の身分についてまとめた次の表の①～⑥にあてはまる語句を答えなさい。

①	支配身分として名字や帯刀が許された。
②	農業・漁業・林業などに従事した。 田畑や屋敷をもち年貢を課せられた ④ と，田畑をもたず地主から土地を借りて耕作し，生計を立てた ⑤ にわかれる。 年貢が未納だったり罪を犯したりしたときには，⑥ により，連帯責任を負わされた。
③	商人と職人からなり，おもに町に住んでいた。

① _____　　② _____　　③ _____

④ _____　　⑤ _____　　⑥ _____

3️⃣ 右の地図は，江戸時代の海上交通を示したものである。鎖国をしていた当時の日本は，外国に対して4つの窓口をもっていた。地図中に示された4か所の地名をそれぞれ書きなさい。

① _____　　② _____

③ _____　　④ _____

 武家諸法度： 幕府が大名を統制するために定めた法律。2 代将軍秀忠が最初に制定して以降，将軍が代わるごとに発布された。

38 歴史 江戸時代後期

歌舞伎や浮世絵がさかんだったのはなぜ？

 お金って，使えば使うほどなくなっていっちゃうよね。だから，いっせー先生，お金貸して！

 「だから」じゃないよ！ まあ，とはいえ，お金を使うというのは，文化をうみ出すために必要なことだったりもするんだよ。

 え，どうして？

 文化が花開くのは，その文化のにない手にお金の余裕ができたときなんだ。
日本って駄菓子の文化があるでしょ？ あれも，日本人の子供がお金を使うからうまれた文化なんだよ。海外だと子供のお小遣い制とかがない国が多いから，駄菓子文化はうまれにくいと言える。
歴史的にいえば，江戸時代前期の なんかはその典型例だね。

 ふーん。ちなみに，元禄文化ってどんな文化だったの？

 元禄文化は，17世紀の終わりごろから，おもに上方（京都や大阪）で栄えた文化のことだよ。
当時は，戦国時代などと比べたら，社会秩序が非常に安定していたから，町人たちも安心して暮らせていたんだよね。

図1

 安心して暮らせたから，お金を使う人もふえたってことかな？

 そうだね！ 社会が安定して，都市も発展してくると，だんだん商人などが経済力をつけるようになっていくんだ。簡単に言うとお金持ちになった。
それで，この人たちが芸術家などをバックアップしたから，どんどん新しい文化がうまれていったんだよ。

この「見返り美人図」を描いた菱川師宣は浮世絵の祖とされるよ。

 へぇ。新しい文化がうまれたのには，そういう背景があったんだね。

 具体的には，武士や町人の生活を小説にした 浮世草子 がベストセラーになったほか，町人社会の義理人情を題材にした人形劇の
人形浄瑠璃 ，庶民の演劇だった歌舞伎などがあるよ。当時としては新しい画法で描かれた 浮世絵 なんかもそうだね（ 図1 ）。

浮世絵の何が画期的だったかっていうと，それまで肉筆画といって一枚一枚，絵を描いていたのに対して，**木版画で大量に刷ることができるようになった**ことなんだ。当時の浮世絵はヨーロッパでも人気になったよ。

へぇ～，すごい！ じゃあ私も，どんどんお金を使って文化を成長させないとね！ いっぱい使おう！

うーん，お金を使う口実をあたえてしまった気がする……。貯金も大切だよ！

✏ 練習問題

解答解説 ▶▶ 別冊 20 ページ

1 元禄文化について，次の①～⑥にあてはまる語句を答えなさい。

○ 元禄文化は，17 世紀末から ① を中心に栄えた文化。
○ 社会秩序の安定や都市の繁栄を背景として，経済力をたくわえた ② が文化のにない手となった。
○ 大阪の町人出身だった ③ は「日本永代蔵」「世間胸算用」などを著し， ④ というジャンルを確立した。
○ 出雲の阿国の踊りが発達した ⑤ では名優が次々に現れて，庶民に親しまれた。
○ 三味線で伴奏し，物語に合わせて人形を操る ⑥ も人気を博した。

① ＿＿＿＿＿＿＿＿ ② ＿＿＿＿＿＿＿＿ ③ ＿＿＿＿＿＿＿＿

④ ＿＿＿＿＿＿＿＿ ⑤ ＿＿＿＿＿＿＿＿ ⑥ ＿＿＿＿＿＿＿＿

2 次の 2 つの語群について，対応するものどうしを線で結びなさい。

尾形光琳 ・ ・俳諧
菱川師宣 ・ ・浮世絵
近松門左衛門 ・ ・人形浄瑠璃
松尾芭蕉 ・ ・装飾画

3 菱川師宣が木版画を始めたことで，浮世絵は民衆の間で人気となったが，その理由は何か。「肉筆画」「木版画」という 2 つの語句を使って，簡潔に説明しなさい。

＿＿＿＿＿＿＿＿＿＿＿＿＿＿＿＿＿＿＿＿＿＿＿＿＿＿＿＿＿＿＿＿＿＿＿

上方：当時は都（京都）に行くことを「上る」，都から離れて地方に行くことを「下る」と表現した。ここから，江戸から見た京都・大阪方面を「上方」というようになった。
浮世草子：町人の享楽的な生活や心情を描いた小説で，井原西鶴が多くの作品を残した。
浮世絵：庶民の風俗を題材とした絵画で，元禄文化のころに菱川師宣がその基礎を築いたとされる。

SNSを受験勉強にいかす方法ってある？

ユイ

いっせー先生，暇さえあればTwitterとかインスタグラムを見ちゃうんだけど，これを受験勉強にいかす方法ってある？

いっせー先生

いろいろあるよ。たとえば，同じクラスにユイさんと同じ高校を志望する人がいなかったとしても，Twitterとかインスタで検索すれば，簡単に見つけることができるよね。

うん，うん。

その人がどのくらいの成績か，どんな勉強法を実践しているのかなど，自分と比較することができる。自分が成長するためには，ほかの人との比較って，けっこう重要なんだ。
自分の足りない部分について，具体的に見つけられるからね。

それに勉強アカ（勉強についてのアカウント）をのぞいて，情報収集するのもためになるよ。

COMMENTS

でんがん先生

今の時代はSNSが普及しているよね！ SNSのいいところは「すばやく情報をキャッチできる」ことだと思うんだ。だから，そういう姿勢で「わからない問題が出てきたら，調べる」みたいに使えたりするし，考え方しだいで勉強にも有効なツールになるよ。

Q&A 09

わからないことをスマホで調べるのは，やめたほうがいい？

イツキ

いっせー先生，何でもスマホで調べるのはよくないって言われたけど，そうなの？

いっせー先生

イツキくん，そんなことはないと思うよ。歴史の用語だろうが英単語だろうが，わからないことをその場ですぐに調べられるから，スマホってやっぱり便利だよね。わからないことをそのままにしておくより，よっぽどいいんじゃないかな。

やっぱりそうだよね！教科書や辞書で調べたほうがいいって言われたけど，気にしなくていいよね。

1つだけ注意してほしいのは，インターネットで検索して出てきた情報がまちがっている可能性もあるということ。だから，情報元はちゃんと確認してね。教科書や辞書のほうがいいというのは，そっちのほうがまちがいがないから。まちがった内容を覚えちゃうとあとで困るから，その点は気をつけてね。

COMMENTS

くめはら先生

「情報をうのみにしない」というのは，ぼくもすごく大切なことだと思うよ。正しい情報かどうか，きちんと見分けられる能力のことを「メディアリテラシー」っていうんだけど，これは国語の文章題でもよくあつかわれる話題だね！

Q&A

105

ロシアやアメリカは日本へ何しに来たの？

 ペリー って，何しに日本へ来たんですか？ 黒船が浦賀にやってきたのって，なんだかすごくセンセーショナルでビッグなできごととして描かれている気がするんですが……。

 まあ，江戸時代はずっと鎖国をしていたからね。いきなり外国の船がやってきたら，びっくりしただろうね。ただ，これって全然，いきなりのできごとじゃなかったんだよ。

 「いきなり」じゃなかった……？

図1

 そう。そもそもこの時代は，ヨーロッパの多くの国が経済発展をして，貿易をしてくれる国を探していたんだ。欧米でできた商品を買ってくれる，貿易相手がほしくて，ロシアもイギリスもアメリカも，いろんな国に「貿易しよう！」ともちかけていた。

 へえ，アメリカのペリーだけじゃないんですね。

欧米諸国の軍事力によって日本は開国したのですね。

 たとえば1792年にはロシアの ラクスマン が，日本の漂流民の送還と通商関係を求めて根室に来航している。そこで，幕府はラクスマンに対して「こっちに直接来ないで，長崎に行ってください」って言って断った。で，今度はその幕府の言葉に従って，1804年には レザノフ が長崎に来航している（図1）。

 ペリー来航が1853年だから，その50年以上前からそういうふうに外国がやってくることはあったんですね。

 そうだね。実は，1840年には日本の隣国の清（中国）が，イギリスと アヘン戦争 をすることになった。イギリスは清にアヘン，つまりは麻薬の密売をしていたんだ。清がアヘンの密輸を禁止したら戦争になり，イギリスは圧倒的な武力で清に勝ってしまった。

 それって，メチャメチャ怖いですね。

 そうそう。当時の日本の人たちも，気が気じゃないわけよ。「隣の国が，イギリスに怪しい薬を売りつけられたあげく，戦争でボロボロになったらしいよ！」って。

アヘン戦争のちょっと前だけど，1825 年に日本は 異国船打払令 という法律ま で出して，「外国の船が来たら撃て！」と言っていたくらいだったんだから……。

 で，そこで日本に来たのがペリーだったんですね。

 そう。1853 年は，イギリスやロシアがヨーロッパで戦争していたときで，ちょうどアメ リカは「今がチャンス！」ってことで日本に行って，幕府に開国をせまったんだ。 そして，1854 年には 日米和親条約 ，1858 年には 日米修好通商条約 が結ばれることになった。 そこから，イギリスなどほかの国ともこれと同じような条約を結んでいくことになる。

🖊 練習問題
解答解説 ▶▶ 別冊 21 ページ

1 右の年表を見て，次の問いに答えなさい。

(1) ①～③にあてはまる語句を答えなさい。

① _____

② _____

③ _____

年代	おもなできごと
1792	ロシア，根室に来航…A
1825	（ ① ）令発布
1840	アヘン戦争が起こる…B
1854	アメリカと（ ② ）条約締結
1858	アメリカと（ ③ ）条約締結

(2) A について，ロシアの使節の名前を答えなさい（①）。また，この当時，江戸幕府が 外国船の立ち入りを許可していた場所を答えなさい（②）。

① _____　② _____

(3) B について，この戦争で勝った国を答えなさい。 _____

2 右の地図の①・②は，1854 年に江戸幕府が アメリカと日米和親条約を結んだことで開か れた港である。①・②の地名を答えなさい。

① _____

② _____

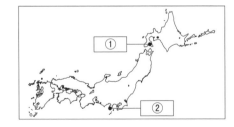

鎖国：江戸幕府は日本人の海外渡航を禁止し，外国船の来航を制限した。キリスト教を 布教しない中国とオランダのみ，長崎での貿易を許された。
日米和親条約：日本とアメリカの間で，函館・下田の開港，アメリカ船への燃料・食 料・水の供給などが定められた。

なぜ富国強兵政策が行われたの？

 開国したあと，日本はどうやって欧米諸国に対抗していこうとしたんだろう？

 実は通商条約を結ぶときに，1つ問題があったんだ。大老の井伊直弼は，欧米諸国の武力におそれをなして，天皇の許可を得ずに独断で条約を結んでしまったんだ。
これに対して，天皇を尊ぶ尊王論と，外国勢力を排除しようという攘夷論が結びついて，尊王攘夷運動がさかんになってくるんだよ。
そんな中で，井伊直弼は暗殺されてしまう。これを 桜田門外の変 というんだ。

 幕府の実力者が殺されるって，もう江戸幕府がヤバいことになっているんじゃ……。

 そうだね。薩摩藩とか長州藩などの，実力をつけた藩が尊王攘夷運動の中心的なにない手となっていくんだよ。ただ1つ困ったことがあって，薩摩藩と長州藩はずっと犬猿の仲だった。それを仲介して手を結ばせたのは……。

 知ってるよ！ 坂本龍馬でしょ！

 そのとおり！ 薩長同盟 は坂本龍馬の仲介で結ばれた。もう幕府に反対する勢力にかなわないことをさとった15代将軍徳川慶喜は，政権を天皇に返すことにするんだ。これを 大政奉還 （図1）というよ。

図1

 なんか，将軍なのにサッパリしてるっていうか，いさぎよいっていうか……。

 まあ，いさぎよい人たちばかりではなかったかな。幕府を支持する旧幕府軍は，新政府軍と戦い続けたけど，最後は函館で降伏することになった。この戦いが 戊辰戦争 だ。

 幕府側が負けて，そのあとはどうなるの？

 江戸時代の幕藩体制が終わり，明治新政府は欧米諸国に追いつき追い越そうと，いろんな改革を急ピッチで進めていった。
新政府の一番の目標は，強力な軍事組織をつくること，すなわち富国強兵政策だったわけだ。さて，強力な軍事組織をつくるためには何が必要だと思う？

徳川慶喜が家臣に政権返上することを伝える様子だよ。

うーん，兵士となる人とか，兵器を買うためのお金とか，かなあ……。

 そう，正解！ だから，明治新政府は，**教育制度の改革や徴兵制**を通じて人を育てて，**殖産興業による経済活性化**で国を豊かにしようとしたんだ。教育に関していうと， 学制 が公布されて，6歳になったら子供を小学校に通わせるのが義務になったんだ。これは画期的なことだね。

 でも，おくれた国がそんなに簡単に豊かになるのかなぁ。

 明治政府は輸出の中心だった生糸の生産をふやすため， 官営模範工場 として群馬県に富岡製糸場をつくったりして，外国の技術を取り入れて普及しようとした。そういうトップダウンの政策で，日本は急速に工業化を進めていったんだ。

 練習問題　　　　　　　　　解答解説 ▶▶ 別冊 21 ページ

1　次の問いに答えなさい。
(1) 明治新政府が政治の基本方針として定めた右の資料を何というか，答えなさい。

> 一　広ク会議ヲ興シ，万機公論ニ決スベシ
> 一　上下心ヲ一ニシテ，盛ニ経綸ヲ行ウベシ
> 一　官武一途庶民ニ至ル迄，各其志ヲ遂ゲ，
> 　　人心ヲシテ倦マザラシメンコトヲ要ス
> 一　旧来ノ陋習ヲ破リ，天地ノ公道ニ基クベシ
> 一　智識ヲ世界ニ求メ，大ニ皇基ヲ振起スベシ

(2) (1)と同時に出された，民衆の守るべきことがらを示した5枚の高札を何というか，答えなさい。

(3) 江戸時代まで藩を支配していた藩主に対して，土地と人民を朝廷に返還させたことを何というか，答えなさい。

2　右の写真は，群馬県にあった富岡製糸場である。これに代表されるような，明治政府が殖産興業のために創設した工場のことを何というか，答えなさい。

 徴兵令：富国強兵政策の一環として1873年に出された法令。満20歳になった男子に3年間の兵役の義務が課された。
学制：フランスにならって，近代的な学校制度の基本を定めた。小学校から大学校までの学校制度で，満6歳以上の男女に小学校教育を受けさせることを国民の義務とした。

なぜ日清戦争と日露戦争に勝てたの？

さて，この時期に日本がずっと望んでいたのは，不平等条約の改正だった。不平等条約を結んでしまったから，**関税自主権** がなく，関税を自分で決められなかった。さらに，**領事裁判権** もなくて，日本国内での外国人の犯罪を全部外国が勝手に裁判をするようになっていたんだ。

な，なんかいきなり重い話から始まった……。この話，なんかよく聞くけど，要するに幕末に不平等な条約を結んじゃったから，がんばって解消したかったってことでしょ？

まあ，簡単に言うと，そういうことだね。明治時代の歴史は不平等条約改正の歴史と言ってもあながち間違いではないくらいだ。
ただ，そのためには欧米列強の仲間入りを果たさなければいけない。その大きなきっかけになったのが，**日清戦争** と **日露戦争** なんだ。

知ってるよ。どっちも日本が大きな戦果をあげた戦争だよね。でも，開国してまもない日本が勝てたのって，冷静に考えるとすごいよね。これは，この前勉強した「富国強兵」ってやつのおかげなのかな？

そうそう。やっぱり戦争に勝つためには，軍隊が近代化されていることが第一だからね。
逆に言うと清（中国）は，旧態依然とした体制をくずさずに近代化を行ったから，スピードがおそかった。それに対して日本は，明治維新で急速に政治体制を近代化したわけだからね。

明治政府になってから，ものすごい勢いで近代化を進めていったんだね。

なるほどね。でも，ロシアに負けなかったなんてすごいよね。

そうだね。そっちは本当にすごい話だと思う。近代化したばかりの日本に負けるはずがないとロシアが油断していたことや，日露戦争時には日本がイギリスと **日英同盟** を結んだりしていたことも，理由かもしれないね。
あとは，やっぱり日本がすでに立憲政治を導入していた影響も大きかったと言われているんだ。

立憲政治って？

憲法にもとづく政治の進め方のことだよ。列強の仲間入りをして条約改正をするためには，**大日本帝国憲法** や **帝国議会** をつくることが必要だったんだ。まさにそうした憲法に従って，議会の中で国のルールをみんなでつくっていくのが，立憲政治だね。

なるほど，みんなで決めたことだったから，戦争のやる気も高まったってことかな？

 まさにそのとおり！ 士気が高い，低いってよく言われるけれど，だれかにやらされていることはみんなやりたくないもんね。

✎ 練習問題
解答解説 ▶▶ 別冊 22 ページ

1 次の文中の①・②にあてはまる語句を書きなさい。

> 日米修好通商条約以来の不平等条約は，1894 年に ① 外務大臣が領事裁判権（治外法権）の撤廃に成功し，1911 年に ② 外務大臣が関税自主権の回復に成功したことで改正された。

① ＿＿＿＿＿＿＿＿＿＿＿＿＿＿＿　② ＿＿＿＿＿＿＿＿＿＿＿＿＿＿＿

2 右の図は，日清戦争が始まる前の国際関係を表した風刺画である。A～C が表している国名を答えなさい。

A ＿＿＿＿＿＿＿＿＿＿＿＿＿＿＿

B ＿＿＿＿＿＿＿＿＿＿＿＿＿＿＿

C ＿＿＿＿＿＿＿＿＿＿＿＿＿＿＿

3 日清戦争後，ロシア・ドイツ・フランスの三国により，日本は遼東半島を返還させられた。このできごとを何というか，答えなさい。

＿＿＿＿＿＿＿＿＿＿＿＿＿＿＿

4 次の問いに答えなさい。
(1) 日露戦争の講和条約の名称を答えなさい。

＿＿＿＿＿＿＿＿＿＿＿＿＿＿＿

(2) (1)の講和条約にロシア側の賠償金がふくまれなかったことに対する不満が爆発し，日本国内で起きた事件を何というか，答えなさい。

＿＿＿＿＿＿＿＿＿＿＿＿＿＿＿

> 日清戦争：1894 年，朝鮮半島で起こった農民の反乱をきっかけとして，日本と清の間で行われた戦争。近代化に成功した日本が勝利し，下関条約が結ばれた。
> 日英同盟：ロシアの南下政策に対抗するため，日本とイギリスの間で結ばれた同盟。日本はこれにもとづいて第一次世界大戦に参戦した。
> 日露戦争：1904 年，満州・朝鮮の支配をめぐって，日本とロシアとの間で行われた戦争。

民衆が立ち上がった大正デモクラシー！

 ユイさんは，「デモクラシー」ってどういう意味かわかる？

 わかんない！

 はっきり言うね。えーと，明治時代になって立憲政治が導入されたっていう話は，この前勉強したよね。

 うん，自分たちのことは自分たちで決めていくっていう，政治の進め方のことだよね。

 そうそう。でも実際には政治の実権が，少数の藩閥勢力や官僚ににぎられていたために，だんだんと民衆の不満が高まっていったんだ。

 その不満が爆発したのが　大正デモクラシー　ってこと？

 そう。デモクラシーっていうのは民主主義のことで，「自由と民主主義」を求めて民衆が立ち上がったんだ。
きっかけは1912年に，藩閥出身の桂太郎が3度目の内閣を組織して，民衆を代表する議会の意見を無視して政治を始めたことだったんだ。
それに対して犬養毅・尾崎行雄らが立憲政治を守ろうとして運動を始めた。それを第一次　護憲運動　っていうんだ。

 1912年といえば，第一次世界大戦が始まるくらいの時期だよね。

 勘が鋭いね。第一次世界大戦の特徴って知ってる？

 うーん，人がいっぱい戦争に駆り出されたってこと？

 まさにそのとおり！ そういう戦争のことを　総力戦　っていうんだ。総力戦の戦争では，国民が我慢しなければいけないことがふえるよね。だったら，その代わりに「自分たちの権利もふやせ！」ということになる。

 じゃあ，日本だけじゃなくて，その当時は世界中で，国民が政治参加を求めるような時代だったってことなんだ。

図1
（万人）
有権者数
1889 (1.1%)
1900 (2.2%)
19 (5.5%)
25 (20.0%)
45 (48.7%)
2015 (83.6%) （年）
※%は全人口にしめる有権者の割合。
（総務省資料ほか）

1925年に急にふえたのは，普通選挙法のせいかな？

そうそう。とくに日本では，政治学者の　吉野作造　が，財産の制限なしに選挙で投票できる「普通選挙」と，民衆から選ばれた政治家による「政党政治」の必要性を主張したり，憲法学者の　美濃部達吉　が，**天皇は国家の最高機関として憲法に従って統治を行うものだとする天皇機関説**を説いたりして，有名になっていたんだ。

1925 年に　普通選挙法　が成立して，**満 25 歳(さい)以上のすべての男子に選挙権があたえられた**（図1）のは，そうした影響(えいきょう)を受けていたんだね〜。

練習問題

解答解説 ▶▶ 別冊 22 ページ

1　次の問いに答えなさい。

⑴　大正デモクラシーの影響もあり，第一次世界大戦の末期には，初めての本格的な政党内閣が成立した。その内閣の首相はだれか，書きなさい。

_____

⑵　大正デモクラシーは，女性の地位向上を目指す運動にも影響をあたえた。文学者団体の青鞜社(せいとうしゃ)を結成し，女性差別からの解放(うった)を訴えた人物はだれか，書きなさい。

_____

2　次の文中の①〜⑤にあてはまる語句を書きなさい。

> ○普通選挙や政党政治の必要性を訴えた吉野作造(よしのさくぞう)の主張のことを　①　主義という。
> ○1925 年には　②　法が成立し，それまでの納税額による制限を撤廃(てっぱい)し，満　③　歳以上のすべての男子に選挙権があたえられた。
> ○天皇機関説とは　④　が説いた学説で，国家そのものが主権の主体であり，　⑤　は国家の最高機関として憲法に従って統治を行うものだとする考えである。

①　_____　②　_____　③　_____

④　_____　⑤　_____

3　次の問いに答えなさい。

⑴　普通選挙法の成立と同時に制定され，国体の変革や共産主義を取り締(し)まることを目的とした法律は何か，答えなさい。

_____

⑵　⑴の法律が普通選挙法と同時に制定されたのはなぜか，理由を書きなさい。

_____

＋プラスα　**第一次護憲運動：第 3 次桂太郎内閣に対して犬養毅・尾崎行雄らが「憲政擁護(けんせいようご)・閥族打破(ばつぞくだは)」をスローガンとして行った運動。これにより，桂太郎内閣は 50 日ほどで崩壊(ほうかい)した。**

43 歴史 昭和時代前期①

アメリカ発の世界恐慌で日本もピンチに？

 リンさんが好きな食べ物って何？

 うーん，私はイチゴですかね。

 よし，イチゴが100個ある世界と，1個しかない世界があったとするよ。そのときイチゴ1個の値段ってどっちが安いと思う？

 まあ，あたり前に「イチゴが100個ある世界」ですね。1個のイチゴしかないときよりも手に入りやすいから，値段は安くなると思います。

 そのとおりだね。じゃあ，そのイチゴが100個ある世界で，イチゴをもっとふやしたら，値段や農家はどうなるだろう。1929年のアメリカではまさに工業製品でそうした事態が起きていた。ヨーロッパが第一次世界大戦後に復興してきて，輸出が難しくなっていたし，国内の消費も伸び悩んでいたんだ。

図1

 世界恐慌 の始まりですね。

 そう，ニューヨークの ウォール街 で突然株価が大暴落して，多くの会社や銀行が倒産したんだ。そして世界の国々もアメリカからお金を借りたり，貿易をさかんに行ったりしていたから，その影響が世界中に広がってしまったんだ。

 その影響は，日本にもおよんだんでしたね。

銀行の入口の前が行列になっていますね。

 そう，ただそのころの日本は，世界恐慌の前から，いろんな災難の連続だったんだ。まずは1923年に起こった 関東大震災 。そのあと，1927年には 金融恐慌 が起こった。銀行っていうのは「つぶれない」という信用で成り立っているんだけれども，当時の偉い人がある銀行のことを「つぶれそうだ」と言ってしまったんだ。
それによって，「自分が預けていたお金をなんとか取り戻したい！」という人が大勢，銀行に駆けつけたんだ（図1）。

 急にお金を引き出したい人がたくさん来たら，銀行もお金を返せなくなっちゃいますよね。

そう，だから政府は銀行にたくさんお金を貸し出して助けたんだ。だけど，そのあと日本も世界恐慌の影響を受けて 昭和恐慌 が起こってしまう。まさに「泣きっ面に蜂」だね。
これまでにないほどたくさんの会社や工場が倒産して，**弁当を学校に持参できない「欠食児童」**や借金のための女性の「身売り」が問題になったんだ。

 昭和の初期，日本は恐慌の連続だったんですね……。

 ここから戦争へとつながっていく大きな流れなので，ぜひ覚えておいてね！

✏ **練習問題**　　　　　　　　　　　　　　　　　　　解答解説 ▶▶ 別冊 23 ページ

1　世界恐慌に対する次の国の政策として，あてはまるものを下から選び，記号で答えなさい。

　① アメリカ ＿＿＿＿＿＿＿＿　　　② イギリス ＿＿＿＿＿＿＿＿

　　ア 五か年計画　　イ インドなどとのブロック経済　　ウ ニューディール

2　世界恐慌により，資源や市場をもち，世界恐慌を乗り越えられる「もてる国」と，それらをもたない「もたざる国」が断絶された。全体主義で恐慌を乗りこえようとした「もたざる国」である次の国の指導者としてあてはまるものを下から選び，記号で答えなさい。

　① イタリア ＿＿＿＿＿＿＿＿　　　② ドイツ ＿＿＿＿＿＿＿＿

　　ア ヒトラー　　イ ムッソリーニ　　ウ スターリン

3　右のグラフは，世界恐慌前後のソ連，日本，イギリス，ドイツ，アメリカの工業生産の推移である。**A**の推移を示す国を答えなさい。

＿＿＿＿＿＿＿＿＿＿＿＿＿＿＿＿

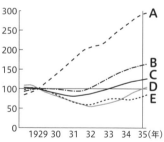

※1929年の生産量を100とした場合の指数

(League of Nations, Monthly Bulletin of Statistics)

世界恐慌：1929 年，ニューヨークの株式市場での株価大暴落をきっかけとして世界中に広まった大不況。
関東大震災：1923 年 9 月 1 日，関東地方南部で発生した大地震による大震災。混乱の中でデマが広がり，多くの中国人・朝鮮人，社会主義者などが殺害された。
ニューデール（新規巻き直し）：アメリカ大統領のフランクリン・ローズベルトが世界恐慌対策として行った政策。公共事業による失業者救済などに取り組んだ。

44 第二次世界大戦ってどんな戦争だったの？

 さて，イツキくん。第一次世界大戦と第二次世界大戦の違いってわかる？

 うーん。どちらも同じように「世界大戦」っていう名前がついているし，同じようなものなのかなーって思ってたけど。あっ，ただ，兵器とかは進歩しているのかもしれない！

 そうだね！ 第一次世界大戦が1914年，第二次世界大戦が1939年の開戦だから，間が20年以上空いているんだ。この第一次世界大戦と第二次世界大戦の間の期間を「戦間期」っていうんだよ。それぞれの大戦の戦場は，どこが中心になっていたかわかるかな？

 うーん。第一次世界大戦はバルカン半島から始まっていて，第二次世界大戦はドイツが中心だったのかな。でも，日本とアメリカの太平洋戦争も第二次世界大戦っていうよね。

 そう，そこなんだ。2つの大戦は，中心となる戦場，すなわち「主戦場」が大きく異なるんだ。第一次世界大戦もアジア諸国から兵力や兵器が送り込まれたから世界大戦といわれるけれど，アジアは戦場ではなかった。 第二次世界大戦 はアジアも主戦場となった初めての世界大戦だったんだ。

 そしてそのアジアでの戦いが，日本と中国との日中戦争，日本とアメリカなどとの 太平洋戦争 だったんだね。

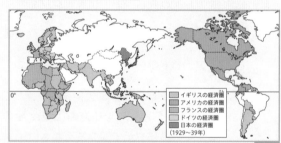

イギリスの経済圏
アメリカの経済圏
フランスの経済圏
ドイツの経済圏
日本の経済圏
(1929～39年)

図1

 うん，そうだね。そういう意味では，日本からの視点でみると，第一次世界大戦は主戦場から遠く離れた土地での参加だったんだけれども，今回はまさに世界大戦のど真ん中で戦っていたわけだね。

 日本が手を結んだのは ドイツ と イタリア だよね？ どうして日本は戦争に突き進んでいってしまったんだろう？

 まあ，いろんな原因があると思うけれど，1つにはやはり日本も「もたざる国」だったということは大きい。植民地とかが少なくて，資源に乏しい国々がいきづまって，戦争に走ったという流れがある。世界恐慌時の昭和恐慌の話は前に学んだよね。世界恐慌以降の数年間は，どこの国も貧しかったんだ。

 うーん……。貧しいと，どうして戦争に進んでいっちゃうの？

イギリスやアメリカと比べると，ドイツや日本の経済圏はせまいね。

いい質問だね。資源のない国は，自分の国でつくった製品を売る「市場」や資源を掘（ほ）り出せる地域を支配下に置くために，自分の国の支配がおよぶ 植民地 をつくろうとするんだ。当時の日本も，朝鮮（ちょうせん）半島，中国，東南アジアへと支配地域を広げていこうとしていたんだ（図1）。

 練習問題　　　　　　　　　　　　　　　　　　　　　　解答解説 ▶▶ 別冊 23 ページ

1　次の文中の①〜③にあてはまる語句を書きなさい。

> 1940 年に日本は，　①　三国同盟を結んだ。そして翌年，ソ連との間で　②　中立条約を結び，北方の安全を確保した上でフランス領インドシナ南部への進軍を開始した。1941 年 12 月 8 日，日本陸軍がイギリス領マレー半島に上陸する一方で，日本海軍はハワイの　③　を奇襲攻撃（きしゅうこうげき）した。

①＿＿＿＿＿＿＿＿＿　②＿＿＿＿＿＿＿＿＿　③＿＿＿＿＿＿＿＿＿

2　右の地図は太平洋戦争における日本の勢力範囲（はんい）と進路図である。これを参考にして，ア〜エのできごとを起こった順番に並べかえなさい。

ア　ミッドウェー海戦
イ　ハワイへの真珠湾（しんじゅわん）攻撃
ウ　連合国軍との沖縄戦
エ　ABCD包囲陣（じん）による経済封鎖（ふうさ）

＿＿＿　→　＿＿＿　→　＿＿＿　→　＿＿＿

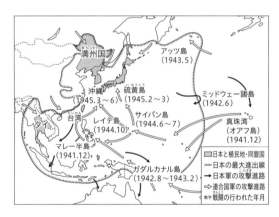

満州国
アッツ島（1943.5）
沖縄（1945.3〜6）
硫黄島（いおうとう）（1945.2〜3）
ミッドウェー諸島（1942.6）
台湾
レイテ島（1944.10）
サイパン島（1944.6〜7）
真珠湾（オアフ島）（1941.12）
マレー半島（1941.12）
ガダルカナル島（1942.8〜1943.2）
□日本と植民地・同盟国
‐‐‐日本の最大進出線
→日本軍の攻撃進路（こうろ）
⇨連合国軍の攻撃進路
数字戦闘（せんとう）の行われた年月

3　戦時下の国内生活にかかわる次の説明にあてはまるものを，下から選んで答えなさい。

①　都市部で空襲（くうしゅう）が激しくなったため，都市部の小学生を中心に行われた。
②　中学生や女学生，未婚（みこん）の女性が軍需（ぐんじゅ）工場に動員された。
③　戦局の悪化にともない，大学生も戦場へと動員された。

〔　学徒出陣（がくとしゅつじん）　勤労動員　集団疎開（そかい）　〕

①＿＿＿＿＿＿＿＿＿　②＿＿＿＿＿＿＿＿＿　③＿＿＿＿＿＿＿＿＿

+プラスα

日中戦争：1937 年，北京（ペキン）郊外で起きた盧溝橋（ろこうきょう）事件をきっかけとして日本と中国の間で行われた戦争。その後，戦線は中国全土に拡大し，1945 年のポツダム宣言まで続いた。

第二次世界大戦：1939 年，ドイツのポーランド侵攻をきっかけとして，ドイツ・イタリア・日本の枢軸（すうじく）国とイギリス・フランス・アメリカなどの連合国の間で行われた戦争。イタリア・ドイツ・日本の順に降伏（こうふく）し，連合国側の勝利で終わった。

吉田茂は戦後最強の首相だった!?

 吉田茂は総理大臣に任命された回数が日本で一番多い人なんだけど，何回任命されたか知ってる？

 うーん，3回くらい？

 いや，実はもっと多いんだ。吉田茂は5回も内閣総理大臣に任命されたんだよ。
吉田茂が初めて総理大臣に任命されたのは，第二次世界大戦後まもない時期だった。第二次世界大戦で敗戦した日本は マッカーサー を最高司令官とする GHQ （連合国軍最高司令官総司令部）の統治下に置かれたんだけど，GHQの指令を受けて非軍事化や民主化といった改革を進めたのが吉田茂だったんだ。

 「非軍事化」とか「民主化」って，用語が難しい！ もっと簡単に説明してよ！

 まあ，非軍事化っていうのをシンプルにいえば，第二次世界大戦に勝ったアメリカが，日本にこれからもう戦争を起こさせないような改革をしようと考えた，ってこと。そうやって，日本を軍事的に無力化しようと考えたんだ。

図1

 民主化っていうのは？

 要するに，国民一人ひとりが自分たちで国の方向性を決めようねっていうことなんだ。第二次世界大戦中は「ぜいたくは敵だ」といったスローガンが掲げられて，国民一人ひとりの気持ちよりも，国のほうが大事だと考えられていた。これが問題視されたんだ。

 なるほどねえ……。そんな時期に総理大臣になったのが，吉田茂？

 そうなんだ。戦後まもない混乱の時期にそうした要求をするアメリカと交渉したのが吉田茂だったんだね。
吉田茂内閣の下では，日本国憲法 の公布をはじめとするさまざまな民主化改革が行われた。そして，その後もまだまだ混乱が続いて，また総理大臣に任命されることになったんだ。

座って署名している人が吉田茂首相なんだね。

 総理大臣に再任されたあとはどんなことをやったの？

一番重要なのがサンフランシスコ平和条約への調印，そして 日米安全保障条約 の締結だね。日本は連合国による占領後，独立国として認められていなかったんだ。それが1951年の サンフランシスコ講和会議 でこの平和条約に調印し，**正式に独立が認められたんだ**（図1）。

 そして日米安全保障条約は，今日の日米外交の基礎となっている条約だよね。

 まさに吉田茂内閣の下で戦後日本の礎が築かれたというわけだ。

✏️ 練習問題　　　　　　　　　　　　　　　　　　　　解答解説 ▶▶ 別冊24ページ

1　戦後，日本を占領統治した，マッカーサーを最高司令官とする組織の名称をアルファベット3文字で答えなさい。

_____

2　次の問いに答えなさい。

(1)　日本国憲法の3つの基本原理をすべて答えなさい。

_____　_____　_____

(2)　次の文章は「あたらしい憲法のはなし」の一部である。これが説明している条文は憲法第何条か，答えなさい。

> そこでこんどの憲法では，日本の国が，けっして二度と戦争をしないように，二つのことをきめました。その一つは，兵隊も軍艦も飛行機も，およそ戦争をするためのものは，いっさいもたないということです。これからさき日本には，陸軍も海軍も空軍もないのです。これを戦力の放棄といいます。

_____

3　次の文中の①〜③にあてはまる語句を答えなさい。

> 1950年に朝鮮戦争が起こると，日本に駐留していたアメリカ軍が朝鮮に派遣された。その間の日本国内の治安を維持する目的で，1950年に ① が発足した。その組織は，のちの1952年に ② と改称した。1954年には ③ となり，米ソ冷戦が激化するにつれ，日本の再軍備化が進んでいった。

①_____　②_____　③_____

日本国憲法：GHQが草案を示し，政府が改正案を作成した。国民主権・平和主義・基本的人権の尊重の3つが基本原理となっている。

日米安全保障条約：サンフランシスコ平和条約と同時に日本とアメリカの間で結ばれた。これにより，日本の安全と東アジアの平和を守るために，アメリカ軍が日本に駐留し続けることとなった。

アメリカとソ連はなぜケンカになったの？

 冷戦って，普通の戦争とどう違うの？

 冷戦か……。「冷たい戦争」と評される，アメリカとソ連の戦いだね。「戦争」といっても**直接的な武力衝突が起こらない緊張状態**のことを指して，こう言われるんだ。第二次世界大戦後のアメリカとソ連が，まさに冷戦状態だったよ。

 あれ？ でも，ポツダム宣言 が出される約半年前のヤルタ会談（図1）では，アメリカとソ連が話し合ったって聞いたんだけど，急に仲が悪くなっちゃったの？

 実はね，そのころからすでに両国は第二次世界大戦後の主導権争いをしているんだ。アメリカとソ連はもともと目指している経済体制が違うからね。資本主義 とか 社会主義 って聞いたことある？

図1

 うーん，聞いたことはあるけど。

 すごーく簡単にいうと，**国民一人ひとりが自由にお金かせぎをできる状態にしてモノをつくっていくか**，それとも**国がある程度調整して計画的にモノをつくっていくか**の違いなんだ。アメリカが前者で，ソ連が後者だね。

 今の日本はどっちなの？

 資本主義だよ。だれが農作物をどれくらいつくって，工業製品をどれくらいつくるかって，政府は決めていないよね？ 基本的には，どんな仕事でお金をかせいでもいいことになっているから，今の日本は資本主義。
ただ，社会保障とかは社会主義的なので，資本主義だけど社会主義の要素もある。

 なるほどね，なんとなくわかった気がする。それで，その経済体制の違いで対立していたのが，アメリカとソ連だったんだ。ほかの国は？

 アメリカを中心とする資本主義陣営は 北大西洋条約機構 （NATO）を，**ソ連を中心とする社会主義陣営**は ワルシャワ条約機構 を結成して，にらみあうことになる。アメリカとソ連の対立が，どんどん世界中に拡大していったんだ。

ヤルタ会談では，アメリカ，イギリス，ソ連の代表が戦後の国際体制を話し合ったよ。

両国はできるだけ，自分たちと同じ経済体制を目指す国をふやして勢力を拡大したいから，第二次世界大戦で疲弊（ひへい）した国に多くの支援（しえん）をあたえていったんだ。

 日本もその１つ？

 そうなんだよ。ＧＨＱの占領（せんりょう）目的の１つには，日本を資本主義陣営に引き込（こ）もうということもあったんだ。

 でも，にらみあっているだけで，実際の戦争にはならなかったのなら，よかったのかな？

 朝鮮（ちょうせん）は日本の植民地支配から解放されたあと，南をアメリカ，北をソ連に占領された。その後， 朝鮮戦争 という本当の戦争が始まってしまったんだ。朝鮮半島とかベトナムとかで実際の戦争が起こったのは，まさにアメリカとソ連の対立を反映しているんだよね。

 練習問題　　　　　　　　　　　　　　　　　　　解答解説 ▶▶ 別冊 24 ページ

1 次の文中の①〜③にあてはまる語句を書きなさい。

> 1945 年，世界平和の確立と，さまざまな問題に対する経済的・文化的な国際協力を目的として，国際連合が発足した。その中心機関は ① 理事会であり，戦勝国でもあるアメリカ・イギリス・フランス・ ② ・中国が常任理事国となった。常任理事国が１国でも反対すると決議できないしくみとなっており，この権利を ③ という。

①＿＿＿＿＿＿＿　②＿＿＿＿＿＿＿　③＿＿＿＿＿＿＿

2 冷戦下において，資本主義陣営には属さない国を，次からすべて選んで，答えなさい。
〔　中華人民共和国（ちゅうか）　大韓民国（だいかんみんこく）　朝鮮民主主義人民共和国　　日本　〕

＿＿＿＿＿＿＿＿＿＿＿＿＿＿＿＿＿＿＿＿＿＿

3 第二次世界大戦後，朝鮮半島はある緯度（いど）ラインを境としてソ連とアメリカの占領地域に分割されたが，そのラインは北緯（ほくい）何度か，答えなさい。

＿＿＿＿＿＿＿＿＿＿＿＿

4 冷戦の激化にともない，アメリカによる日本の占領政策は，非軍事化から経済の復興へと重点が移された。そのきっかけとなった，1950 年に始まった戦争は何か，答えなさい。

＿＿＿＿＿＿＿＿＿＿＿＿

＋α プラス　ポツダム宣言：1945 年 7 月，アメリカ・イギリス・ソ連の首脳（しゅのう）がベルリン郊外（こうがい）のポツダムで会談し，アメリカ・イギリス・中国の名で日本に対して降伏（こうふく）を勧告（かんこく）した文書。
ワルシャワ条約機構：北大西洋条約機構に対抗（たいこう）して，1955 年にソ連を中心とする社会主義国が結成した。1991 年にはソ連崩壊（ほうかい）とともに解体されている。

高校受験は，学校の勉強だけでは不十分？

リン

> いっせー先生，高校受験って学校の勉強だけじゃ足りませんか？ 塾に通ったほうがいいですか？

いっせー先生

> どんなに評判のいい塾に通っても，だれでも必ず成績が上がるとは限らないよ。
> 塾で得たことをいかしきれるかどうかはリンさんしだいだから，それができそうだったら通ってみてもいいかもしれないね。

> 学校の勉強だけでなんとかなるなら，そのほうがいいな。塾にはあんまり行く気がしないので……。

> 実は東大生の中には，塾に通っていなかったという人も多いんだ。
> たとえば歴史だったら，学校の教科書をボロボロになるまで繰り返し読んで覚えたという人もいる。

> もちろん，塾には塾のいいところがあるけど，合わない人もいるから，気がすすまないなら無理してまで行く必要はないと思うよ。

COMMENTS

こーさく先生

いっせー先生，的確なアドバイス，さすがだなあ。ちなみにぼくは，高校受験でも大学受験でも塾には通わなかったよ！ 学校の勉強だけでは不安だったら，自分に合う参考書を見つけて，それを相棒にするのがおすすめ！

3章 公民

公民では，社会のしくみを勉強するよ。社会にはいろいろ複雑なしくみがあるんだけど，それがつくられたのには明確な理由がある。ルールやシステムを知らないと，自分の当然の権利さえ十分に使えないから，勉強して社会に出てからも知識をいかせるようにしようね！

ISSEI

社会のしくみを知る，ということですね。たしかに大人になってもいかせそうです。なんだか勉強する意欲がわいてきました。

公民とか何の意味があるんだ，って思ってたけど，たしかに大人になってから苦労したくないもんね。受験のためにもなりそうだし，しっかりやっておこうかな。

PART 10	現代社会	124
PART 11	憲法	130
PART 12	政治	134
PART 13	経済	140
PART 14	国際	152

グローバル化って私たちに関係あること？

 何事も世界目線よ！ これからはグローバルにいかなきゃ！

 いきなりどうしたの？

 昨日見たテレビで，好きなアイドルが海外進出するぞってときに，そう言ってたんだってさ。ユイ先輩（せんぱい）って，ほんと影響（えいきょう）受けやすいよね。
ところでいっせー先生，そもそも「グローバル」ってどういうこと？

 うん，世界が一体化することを グローバル化 （グローバリゼーション）というんだ。一体化するってどういうことかというと，たとえばイツキくん。その消しゴムはどこの国でつくったものだい？

 うーんと，「Made in China（メイド・イン・チャイナ）」って書いてあるね。

 中国は海の向こうの外国だよね。飛行機や船などの交通手段が発達したからこそ，ぼくたちの暮らしは海外と直結するようになった。
ネットショッピングを使えば，地球の裏側からモノを取り寄せることもできるし，海外の友達に電話やメールを送ることだってできる。
インターネットの普及（ふきゅう）で，情報が世界中を行きかう 情報社会 になっているよね。

ぼくたちの周りは外国でつくられたモノやサービスであふれてるね。

 なるほどー，じゃあセイヤくんもアメリカでモテモテになっちゃう!? アメリカの男たちから嫉妬（しっと）されないか心配！

 なーに言ってんだか！

 いや，ユイさんの指摘（してき）は意外と鋭（するど）いんだよ。海外からモノが入ってくると，国内でももともとそれをつくっていたメーカーとぶつかってしまうことがある。どちらがよりよいもの，サービスを提供できるのかという戦い，つまり 国際競争 が始まるんだ。
まぁ，それは各国がそれぞれ得意なことを行って，不得意なことは輸入にたよるという 国際分業 にもつながるんだけどね。

 じゃあ，無敵じゃん。みんなで協力し合えばいいよね。

 たしかにね。とはいえ，やっぱり輸入にたより切っちゃうのは不健全だ。相手の国の機嫌（きげん）や情勢次第で，自分の国が傾（かたむ）いてしまうからね。だから自国である程度まかないたいんだ

けど……。

たとえば日本は 食料自給率 が低いんだ（図1）。さらに，発展途上国と先進国との間の格差も課題となっている。

これからは多文化社会をより進展させつつ，国際協力に積極的になっていくことがのぞまれているね。

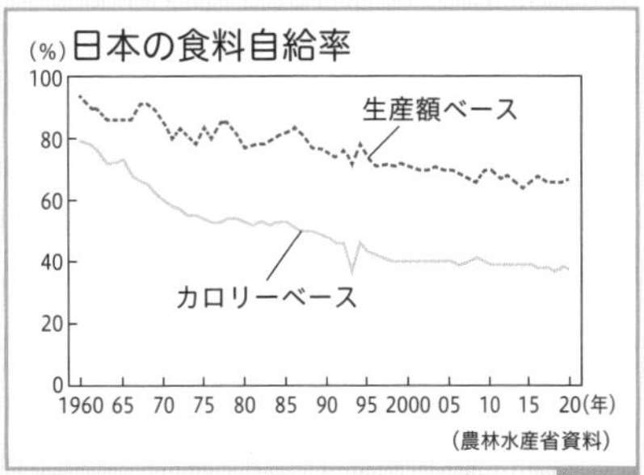

(%)日本の食料自給率

生産額ベース

カロリーベース

1960 65 70 75 80 85 90 95 2000 05 10 15 20(年)

（農林水産省資料）

図1

そうよね！ セイヤくんの歌もダンスも，どんどん外国に輸出しなくっちゃ！ 外国の人もきっとすばらしさがわかるはずよ！ これが多文化社会ってやつね！

✐ 練習問題

解答解説 ▶▶ 別冊 25 ページ

1 次の文中の①〜⑤にあてはまる語句を答えなさい。

> グローバル化とは，飛行機や船などの発展によって，たくさんの人， ① やお金（資本），情報などが ② をこえてさかんに移動するようになった結果，世界が ③ することである。
>
> ① やサービスが行きかうようになると，各国が市場をめぐって争う ④ が起きる。その一方で，各国がそれぞれ得意な産業に力を入れて，不得意な産業については他国にたよる ⑤ にもつながる。

① ＿＿＿＿＿＿＿＿＿＿　② ＿＿＿＿＿＿＿＿＿＿　③ ＿＿＿＿＿＿＿＿＿＿

④ ＿＿＿＿＿＿＿＿＿＿　⑤ ＿＿＿＿＿＿＿＿＿＿

2 次の文を読んで，下の問いに答えなさい。

> ⒶICT ということばからもわかるように，現代は高度な ① 社会となっている。また，これまで人間の頭脳労働とされてきたことをコンピュータが代替するⒷ AI も急速に進化しつつある。こうした技術を活用することで，直接お店に行かなくても買い物ができる ② なども，私たちの日常生活に浸透してきた。

(1) 「Ⓐ ICT」，「Ⓑ AI」を漢字で書き表しなさい。

Ⓐ ＿＿＿＿＿＿＿＿＿＿　Ⓑ ＿＿＿＿＿＿＿＿＿＿

(2) ①・②にあてはまる語句を書きなさい。

① ＿＿＿＿＿＿＿＿＿＿　② ＿＿＿＿＿＿＿＿＿＿

国際分業：各国が他国に比べて生産が有利な商品をつくり，貿易を通じて商品を交換することで，世界的に生産を分業すること。

少子高齢化って具体的には何が問題なの？

 いっせー先生，少子高齢化ってよく聞くけど，あれって何が問題なの？
子供がへったらその分，受験のライバルもへるし，おじいちゃんおばあちゃんがふえれば
その分おやつもたくさんもらえるし，それの何が悪いの？

 じゃあ，そもそもなんで 高齢化 と 少子化 の現象が起きているのか，わけて
考えてみよう。まずは高齢化から。イツキくんは，なんで起こっていると思う？

 えっ？ そうだなあ。医療（いりょう）が発達して，昔は治せなかった病気でも治せるようになってい
るからじゃないかな？

 そうだね，医療の進歩などにより，高齢者の 平均寿命 が延（の）びたんだ。これ自体は
問題どころかむしろいいことだよね。じゃあ，少子化は？

 うーん，子供で亡くなる人がふえているってことでもなさそうだし，やっぱりうまれる子
供の数がへっているの？

 そうだね。**1人の女性が生涯（しょうがい）にうむ子供の数を**
合計特殊出生率 というんだけれども，こ
の数値が低下しているんだ（図1）。
理由は1つにはしぼれないけれど，たとえば，最
近だと両親ともに働くという家庭がふえたよね。
そうすると，**仕事と育児の両立が難しい**という可
能性が考えられる。

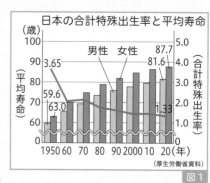

図1

 働きながら子育てって，想像しただけでも大変そう！

 国では，仕事と育児の両立が可能になるように，法律を変えたり，保
育所に入れない 待機児童 をへらすために保育士や保育所の不足
を解消するといったような支援（しえん）を行っているよ。

 ん？ でも，そもそも子供が少ないことって，悪いことなのかなあ。

 そう，そこが一番のポイントだね。高齢化に関していえば，しばら
くは高齢者の数はどんどんふえると考えられているんだ。一方で，
**子供の数がふえないと，働く世代と高齢世代のバランスがくずれて
しまうんだ。**年金とか医療保険とかの分野でね。
ところで，イツキくんのうちは何人家族？

合計特殊出生率は
1950年と比べると
3分の1近くまで低
くなってるね。

7人家族！ おじいちゃん，おばあちゃん，お父さん，お母さん，兄，弟，そしてぼく！

 年をとっていくと，体が不自由になったり，物忘れがひどくなったりすることがあるよね。そういうときに高齢の人を支えるのが「働く世代」なんだ。
イツキくんのうちでいうと，お父さんとお母さんだね。イツキくんと兄弟も，働くようになったら支えるようになる。つまり，5人で2人の「高齢世代」を支えることになるんだ。でももし，イツキくんの家族に子供がいなかったらどうだろう？ お父さんとお母さんの2人だけで，おじいちゃんとおばあちゃんを支えなければいけなくなる。

 それは大変だね。

 だから，「働く世代」の負担が大きくなりすぎないように，子供をうみたい，育てたいという希望をかなえる社会にできるように，少子高齢化の解決が急がれているんだ。

練習問題

解答解説 ▶▶ 別冊 25 ページ

1 右の図は，高齢者1人の年金を何人の現役世代が支えるかを表している。この図を参考にしながら，少子高齢化の問題点を，簡潔に説明しなさい。

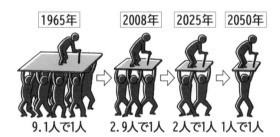

| 1965年 | 2008年 | 2025年 | 2050年 |
| 9.1人で1人 | 2.9人で1人 | 2人で1人 | 1人で1人 |

_____

_____

2 次の3つのグラフは，1905年，1960年，2022年のいずれかの時点における日本の各世代人口の割合を示している。①〜③のグラフに対応する年を答えなさい。

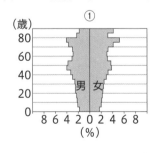

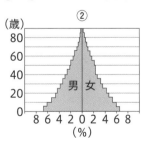

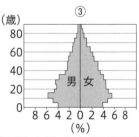

（『データブック オブ・ザ・ワールド』2023ほか）

① _____ 年 ② _____ 年 ③ _____ 年

 合計特殊出生率：1人の女性が一生のうちにうむ子供の数の平均。この数字が 2.07 を下回ると，その国は人口が減少するとされている。

公民　多文化共生

多文化共生ってどうして大事なの？

 いっせー先生，聞いてよ！ ユイ先輩が，ネコのほうがイヌよりかわいいって言うんだ！

 だって，ネコのほうがかわいいに決まってるじゃない！

 別に「どっちもかわいい」でいい気もするけど……。もうちょっと，お互いに歩み寄れないの？

 絶対にゆずれない!!

 まったく……。お互いの文化の違いを認め合わないといけないよ。21世紀は 多文化社会 がより一層強まっていく時代なんだから。

図1

 多文化社会？

 グローバル化が進むのにともなって，いろいろな文化が混ざり合うようになってきた（図1）。たとえば，日本でもハンバーガーやステーキを食べることは難しくないし，ニューヨークに行っても寿司やてんぷらを食べることはできるよね。
でも，その一方で，和食を食べる日本人がどんどんへっているように，本来の文化が衰えてしまいかねないんだ。

 ぼくはどちらにしろ，イヌが好きだもん！

 はいはい。逆に，グローバル化に抵抗して，極端に伝統的な価値観にこだわる人もでてくる。これを保守的だというんだけど，今の2人はまさにこれだといえるね。

 うっ……。で，でもそんなにゴリ押しされても，困っちゃうよ。

 だからこそ，お互いの文化の違いを認め合って，対等な関係を築き上げようとする態度が必要なんだ。これを 多文化共生 という。
多文化社会を実現していくために，ぼくたち一人ひとりが異なる文化に対して積極的に理解し合おうとすることが必要なんだ。このように多様な文化を理解する態度のことを 異文化理解 という。

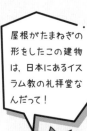

屋根がたまねぎの形をしたこの建物は，日本にあるイスラム教の礼拝堂なんだって！

なるほど……。国家とか国旗に敬意を払_{はら}うのはもちろんのこと，宗教とか食事とか音楽とか，いろいろなことについて気をつかっていかないといけないのね。

そう。違う国の文化だけでなくて，同じ国でも高齢者_{こうれいしゃ}か若者か，障がいをもっているかいないかなどで，**考え方や価値観が違う**よね。最近ではそういう ダイバーシティ（多様性）を尊重することも求められているんだよ。
どうイツキくん，わかった？

ガルルルル……。

自分がイヌになってどうするんだ……。

練習問題
解答解説 ▶▶ 別冊 26 ページ

1 次の文中の①～④にあてはまる語句を答えなさい。

> ① とは，人々が生活する中で，長い時間をかけて形成され，受け継_つがれてきたものである。 ① には科学， ② ，芸術などがあり，さまざまな面で私たちの生活を向上させたり豊かにしてきた。人間は自分をこえた存在としての神や仏を信じる ② を通じて，よりよい生き方を探し求めてきた。
> グローバル化にともなって，日本においても，さまざまな文化圏_{けん}から来た人々が同じ地域に暮らすことが多くなった。これは，いろいろな ① を一度に味わうチャンスである反面，お互いに衝突_{しょうとつ}したりすることもある。国籍_{こくせき}や人種，年齢_{ねんれい}や性別，障がいの有無など，さまざまな異なる立場，すなわち ③ を尊重することが重要とされている。そしてお互いに対等な関係を築こうとしながら，ともに生きていく ④ が求められている。

①＿＿＿＿＿＿＿＿＿＿　②＿＿＿＿＿＿＿＿＿＿

③＿＿＿＿＿＿＿＿＿＿　④＿＿＿＿＿＿＿＿＿＿

2 次のア～エのうち，適切なものを選んで，記号で答えなさい。
　ア　最も優れているのは自国の文化だから，他国の文化は気にしなくてもよい。
　イ　どんな国籍や民族でも，その人が住む国の文化に従ってもらうことが最適である。
　ウ　多文化共生のため，異文化について積極的に理解しなければならない。
　エ　文化が混ざり合うときには，1つの文化に統一していくのがよい。

＿＿＿＿＿＿＿＿＿＿

宗教：神あるいは絶対的な力をもつとされる者を信じること。キリスト教・イスラム教・仏教が世界三大宗教とされる。

憲法って法律とは何が違うの?

 くらえ! 日本国拳法を行使するよ!!

 いや,そもそも「拳法」じゃなくて「憲法」ね。それに,憲法は個人が行使するようなものじゃない。法律とはまた違うものなんだよ。

 え? でも憲「法」なんでしょ? これも法律なんじゃないの?

 ちょっと勘違いしやすいんだけど,憲法っていうのは法律じゃないんだ。憲法とは,国家のあり方や国民の権利なんかを規定したもの。もっとわかりやすくいうなら,日本という国を動かしているプログラムそのものだといえるかな。

 よくわかんないけど……。憲法って文章じゃないの? 国そのものなの?

 たとえば,「11人で行うチーム対抗スポーツ」「ボールを相手のゴールにシュートすると得点」「ボールを手で触ってはいけない」というようなルールがある。これはサッカーを表しているけれども,サッカーという競技そのものではないよね。でもこのルールどおりに人間が動いたら,サッカーというゲームが展開する。憲法も同じことなんだ。
「日本という国はこういうルールで動きます」と書いてあって,そのとおりに人間が動いているから,日本という国があるんだ。
そして,憲法に反する法律や命令はすべて無効になる。これは憲法が 最高法規 だからなんだ(図1)。

 ふーん。

 日本国憲法の原理は3つ。国民主権,平和主義,基本的人権の尊重だ。
国民主権 とは,国民が国の政治の最終的な決定権をもっているという考え方。 平和主義 は日本国憲法第9条において戦争放棄,戦力不保持,交戦権の否認として表されている。そして 基本的人権の尊重 とは,すべての人はうまれながらにして「侵すことのできない永久の権利」をもっている,ということなんだ。
この憲法は「硬性憲法」とよばれる種類の憲法で,もし改正しようと思ったら大変な手間がかかるんだ(図2)。それだけ慎重に取り決められているってことだね。

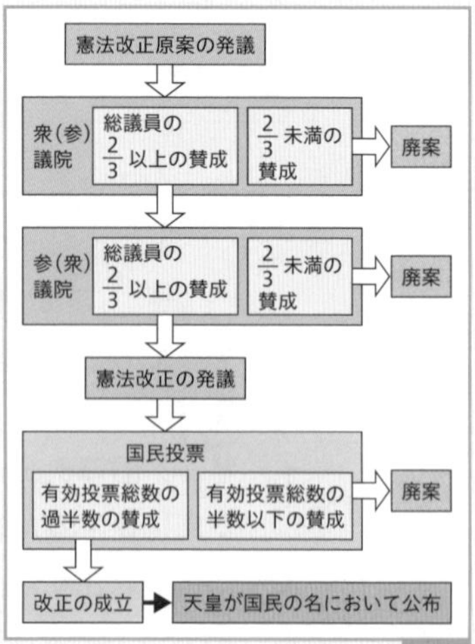

憲法はあらゆる法の頂点に立つ存在なんだよ。

図1

図2

つまり，憲法っていうのは，「日本という国は，その3つを守っている人が暮らしている国ですよ」って書いてあるルールみたいなものってこと？

 そういうこと。間違っても格闘技の一種ではないからね。だから，ユイさんははやくその構えをとこうね。

✏️ 練習問題　　　　　　　　　　　　　　　　解答解説 ▶▶ 別冊 26 ページ

1　次の問いに答えなさい。

(1) 「日本国憲法は最高位の法として国の政治の基本を定めているという点で，国の（　　）とよばれる」。空欄にあてはまる語句を答えなさい。

_____

(2) 「天皇は，日本国および日本国民統合の（　　）である」。空欄にあてはまる語句を答えなさい。

_____

(3) 国の政治権力が国民に由来し，国の意思を決める最高の力は国民にあるという，日本国憲法の原理を何というか，答えなさい。

_____

2　次のア〜エのうち，適切なものをすべて選んで，記号で答えなさい。

ア　基本的人権とは，限られた人だけに認められた特別な権利のことである。

イ　日本国憲法第9条では，戦争放棄や交戦権の否認など，平和主義が規定されている。

ウ　憲法とは国の最高法規であり，これに反する法律は無効となる。

エ　日本では政治の最終的な決定権を天皇がもっている。

_____

3　日本国憲法第9条の条文の①〜③にあてはまる語句を下から選んで，記号で答えなさい。

> 日本国民は，正義と秩序を基調とする国際平和を誠実に希求し，国権の発動たる戦争と，　①　による威嚇又は　①　の行使は，　②　を解決する手段としては，永久にこれを放棄する。
> 前項の目的を達するため，陸海空軍その他の　③　は，これを保持しない。国の交戦権は，これを認めない。

ア　戦力　　イ　戦争　　ウ　武力　　エ　国際紛争

①　_____　②　_____　③　_____

 憲法改正の手続き：衆議院と参議院において，それぞれ総議員の3分の2以上の賛成で国会が発議し，有権者による国民投票で過半数の賛成を得る必要がある。

私たちはどんな「権利」をもっているの？

 日本国憲法っていうのがなんなのかは，なんとなくわかったよ。だけど，「３つの原理」の「基本的人権」って，具体的にどんなのがあるの？

 なるほど，いい質問だね。この権利はいろいろあるんだけど，代表的なのは平等権，自由権，社会権あたりかな（図1）。

 うわぁ，なんかいっぱい出てきちゃったな……。

 そんなに嫌がらなくてもいいじゃないか……。１つずつ見ていこう。
　平等権 はすべての人間が平等のあつかいを受ける権利のこと。うまれなどにもとづく差別を行ってはいけないですよ，ってことだ。
　次に 自由権 っていうのは自由に生きる権利のこと。人々はみんな，国家から指図されることなく，自由に考えたり，行動したりできるってことなんだ。この自由権は，さらに精神の自由，身体の自由，経済活動の自由っていうのにわけられる。
　経済活動の自由は「どこに住んでもいいですよ」（居住・移転の自由）や「自分で職業を選べますよ」（職業選択の自由），「自分の財産は自分で自由に使えますよ」（財産権の不可侵）などだね。

基本的人権は「個人を尊重」するという考え方にもとづいているんだね。

平等権	個人の尊重と法の下の平等	
自由権	精神の自由	思想・良心の自由，信教の自由など
	身体の自由	奴隷的拘束などからの自由など
	経済活動の自由	居住・移転の自由，職業選択の自由など
社会権	生存権，教育を受ける権利，勤労の権利など	
参政権	請願権，裁判を受ける権利など	

図1

 こんがらがってきた……。

 じゃあ，まずは細かいことは無視して，ざっくりとらえよう。基本的に平等権は「みんな平等だよ」ってこと，自由権は「みんな自由に生きていいよ」ってことだと思えばいいよ。

 それなら，なんかわかる気がしてきた。

 そして 社会権 だ。これは人間らしい生活を国家に保障してもらう権利のこと。
　たとえば，どんな人でも「健康で文化的な最低限度の生活を営む権利」がある。これを規定するのが 生存権 だ。
　また，国民はすべてひとしく教育を受ける権利をもっている。
　さらに，憲法第27条には「すべて国民は，勤労の権利を有し，義務を負ふ」と書いてある。収入を得て生活を安定させるために，すべての人は働く権利をもっているんだ。

 へぇ〜，ぼくはそんなこと言われても働きたくないけどね。ずっと遊んでる！

今のところ大丈夫，君たちは勉強が義務だからね……。そして最後に，これらの権利を確実なものにするために，**満18歳以上のすべての国民に選挙権があたえられていて，これにより政治に参加できるんだ。これが** 参政権 **だよ。**

✏ **練習問題**

解答解説 ▶▶ 別冊 27 ページ

1 次の①〜⑥の権利は，基本的人権のうちどれに属するか。平等権には **A**，自由権には **B**，社会権には **C**，参政権には **D** と書きなさい。

① 健康で文化的な最低限度の生活が保障されている。 　　＿＿＿＿＿＿＿＿

② 法律によらなければ，生命や財産を奪われない。 　　＿＿＿＿＿＿＿＿

③ 華族制度や貴族などの特権階級を認めない。 　　＿＿＿＿＿＿＿＿

④ 18歳以上のすべての国民に選挙権があたえられている。 　　＿＿＿＿＿＿＿＿

⑤ 国民には働く権利が保障されている。 　　＿＿＿＿＿＿＿＿

⑥ 家庭生活において，夫婦は平等である。 　　＿＿＿＿＿＿＿＿

2 次の文中の①〜⑥にあてはまる語句を答えなさい。

> 自由権のうち， ① は思想など心の自由と，それを外部に表現する自由などのことをいう。また ② は生命を奪われず法律による手続き以外では不当に身体を拘束されない自由などのこと，さらに ③ は自由な生活を営むために経済的な安定を得る権利のことである。この ③ は，住む場所を自由に選ぶ ④ の自由，職業を自由に選んで営業することができる ⑤ の自由，自分の財産を自由に使うことができる ⑥ の不可侵にわけられる。

① ＿＿＿＿＿＿＿＿＿　　② ＿＿＿＿＿＿＿＿＿

③ ＿＿＿＿＿＿＿＿＿　　④ ＿＿＿＿＿＿＿＿＿

⑤ ＿＿＿＿＿＿＿＿＿　　⑥ ＿＿＿＿＿＿＿＿＿

3 次のア〜エのうち，適切なものを選んで，記号で答えなさい。

ア 社会権とは財産権の不可侵や職業選択の自由などを指す。

イ どんな人でも「健康で文化的な最低限度の生活」を営む権利がある。

ウ 子供には義務教育を受ける義務がある。

エ 働くことは一部の人にしか認められていない特権である。 　　＿＿＿＿＿＿＿＿

 教育を受ける権利：すべての国民がその能力に応じて教育を受ける権利で，社会権の1つ。義務教育が無償となっているのは，この権利によるものである。

国会議員は「国の建築士」ってどういうこと？

 いっせー先生，国会議員の給料って年間2000万円以上なんでしょ？ 私，国会議員になろうかなあ……。

 ええ!? そんな理由!?

 だって，国会議員なんて，なんにもしなくてもお金もらえる夢の職業じゃん！ 私，国会議員になる！

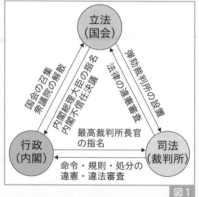

図1

 いやいや，国会議員って大変なんだよ？ 国会議員は，国をつくる建築士なんだよ。

 建築士？

三権のうち，立法は国会，行政は内閣，司法は裁判所がその役割をになっているんだ。

 国会議員が国会に出席していることは知っているよね？
この国会は， 法律 の制定が最大の仕事だ。法律は憲法に次いで強い効力をもっているものなんだよ。
法律によって，国はどんどん進んでいく。だから，国会議員は国の建築をしているといえるわけだ。

 ふーん。

 ほかにもいろんなことをしているよ！ 予算の審議・議決を行ったり，内閣総理大臣 を指名したり，憲法改正の発議をしたりする。
内閣に対しては，国会が 国政調査権 を行使して，「ちゃんと行政をやっているのか！」と調査することができるんだよね（図1）。

 ん？ 国会と内閣って違うの？

 違う。 内閣 は，国会の多数派である与党の議員で構成されていて，**国会で決まったことを行う行政の最高機関**なんだ。
内閣総理大臣が中心となって，国務大臣を任命していく。財務大臣とか，総務大臣とか，そんな感じ。
ちなみに，**内閣が国会に対して責任を負うシステム**は 議院内閣制 とよばれているんだよ。アメリカは大統領制といって，**議員選挙とは別に，大統領選挙が行われる形**になるんだ。

日本だと内閣総理大臣が国会議員の中から選ばれて，アメリカ大統領はそれとは別に選ばれるってこと？ んじゃあ，国会議員になるのはやめて，大統領になろうかな！ お金もたんまり入ってくるんでしょ？

 おお，アメリカ初の女性大統領が日本うまれなら，すごい話題になるだろうなぁ。

 つっこんでよ，先生!!

 えぇ……!?

 練習問題
解答解説 ▶▶ 別冊 27 ページ

1 次の文中の①〜④にあてはまる語句を答えなさい。

○ 各 ① が実現を目指すものは，その理念や政策である。
○ 選挙の結果，議席の過半数をしめた政党が政権をになう組織は ② である。
○ 政権を担当する政党を ③ という。
○ 政権を担当しない政党を ④ という

① _____ ② _____

③ _____ ④ _____

2 下の図は，国民(主権者)と国会・内閣・裁判所の関係を示したものである。次のことがらは，それぞれ図のどれにあてはまるか。図中の記号で答えなさい。

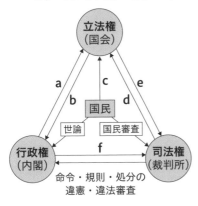

① 法律の違憲審査
② 最高裁判所長官の指名
③ 内閣総理大臣の指名
④ 選挙
⑤ 弾劾裁判所の設置
⑥ 衆議院の解散

① _____ ② _____

③ _____ ④ _____

⑤ _____ ⑥ _____

内閣総理大臣：内閣の首長であり，行政の最高責任者。国会議員の中から国会によって指名され，天皇に任命される。国務大臣の任命と罷免の権利をもっている。
議院内閣制：内閣が国会の信任にもとづいてつくられ，国会に対して連帯責任を負う制度のこと。日本やイギリスはこの制度をとっている。

PART 12 政治

地方と都会ってどう区別されているの？

 イツキくんは「地方出身？」って聞かれたら，どう答える？

 うーん……。ぼくは神奈川県横浜市出身だから，バリバリのシティボーイだよ！

 なんでそんなノリノリなんだよ……。まあでも，そんなシティボーイのイツキくんも，見方を変えると「地方」に住んでいるかもしれないんだ。

 えっ？　どういうこと？

 ふだんみんなが使っている「地方」っていうことばには，実は2通りの意味があるんだ。1つはさっきイツキくんが答えてくれたような意味だね。人が集まって住んでいたり働いたりしているところは都市，その逆が「地方」。

 たとえば，地方の　過疎　化，都市の　過密　化とかいわれるときはそういう意味だよね。

 うん，東京に人がたくさん集まる東京一極集中は，さまざまな問題を発生させているんだ。逆に，地方は人口がへっていることによる問題もいろいろあるよね。地域で運営していたお祭りがなくなったり，交替で行っていた雪かきを1人でやらなければいけなくなったり……。

 で，「地方」の2つ目の意味は何なのさ？

 1つ目の「地方」の意味は「都市」の対照となることばだったんだけど，2つ目の「地方」は「国」の対照となることば。「東北地方」とかいうじゃん？　イツキくんはシティボーイだけど，関東「地方」に住んでいるといえる。

 シティボーイなのに地方なの !?

救急や消防なんかも行政サービスなんだね。

 たとえば，日本ではどこの住所も「都道府県」そして「市区町村」がついているよね。それらの地域には　地方公共団体　をつくることが，憲法で規定されているんだ。だから都会の横浜市にも，「地方」公共団体が存在している。

 ふーん。でも，その地方公共団体って何してるの？

その地域の住民に行政サービスを届けるために活動している。上下水道や道路を整備したり、住民の安全を守ったり、いろんなサービスを、地方公共団体が統括している。
国と 都道府県 と 市区町村 で適切に役割分担を行えば、効率的で効果的に行政サービスを届けられると考えられているんだ。

 なんで都道府県と市区町村でわかれているの？

 都道府県は市区町村をふくんでいるよね。だから、都道府県が国と市区町村の調整をする仕事が多いかな。一方で、**国は防衛のように国としての意思決定が必要な仕事、市区町村は生活保護や介護保険サービスなど、より住民に身近な仕事**をになっているんだ。

✏ 練習問題

解答解説 ▶▶ 別冊 28 ページ

1 次の文中の①〜④にあてはまる語句を答えなさい。

> 地域住民が地域の実情に合わせて主体的に政治的な意思決定に参加することを ① というが、実際に ① を行うのは ② や市区町村などの ③ である。 ① の中心となる地方議会では、 ④ の制定や予算の議決などを行う。

① _____ ② _____

③ _____ ④ _____

2 おもに地方公共団体がになう仕事には○を、そうでないものには×を書きなさい。

① 公立の公園や学校の整備　　　　　　　　　　　　　　　_____

② 防衛などの都道府県の仕事をまたぐもの　　　　　　　_____

③ 警察や消防といった地域の安全・安心を守る仕事　　　_____

④ 憲法の改正　　　　　　　　　　　　　　　　　　　　_____

3 右の図から、なぜ地方自治は「民主主義の学校」といわれるのか、次の語句を使って簡潔に説明しなさい。

[地方議会　首長　直接選挙
　住民の意思]

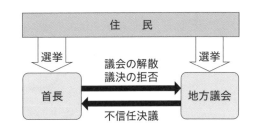

_____

 地方自治：地域住民がみずから地域の政治を行うこと。国から独立して地域の政治を行う「団体自治」と、住民の意思で政治が運営される「住民自治」の2つからなる。

どんな問題集を使ったらいい？

リン

いっせー先生，どんな問題集を使ったらいいですか？ 自分に合わないと思ったら，すぐに別のものへ移ってもいいんでしょうか？

いっせー先生

『ドラゴン桜2』にも登場する受験の格言に「浮気性(うわきしょう)の受験生は落ちる」というのがある。
リンさんにこのことばをささげよう。
ここでの「浮気性」っていうのは，問題集や参考書を次から次へと変えていく人のことね。

実は3年になってからあせって，浮気性になっちゃってる……。

それはあんまりおすすめしないなあ。
よく検討して「これ！」と思って選んだ問題集と，まずはじっくりつきあってみたほうがいいよ。

わかった！ じゃあ，この問題集とはじっくりつきあってみます。

COMMENTS

すばる先生

愛着をもって向き合える問題集を，1つ選んでみるのがいいんじゃないかな。場当たり的に複数の問題集をこなすよりも，1つにしぼって基礎(きそ)固めから応用まで取り組むことで，自分の弱点や伸びしろも見えやすくなるし，記憶(きおく)の定着もよくなるはず！

Q&A 12 休日に計画的に勉強するには，どうしたらいい？

ユイ

> いっせー先生，休日に計画的に勉強するには，どんなスケジュールを立てたらいいの？

いっせー先生

> ユイさん，休日のスケジュールをつくるときは，先に勉強時間を決めるといいよ。
> たとえば5時間勉強するって決めたら，あとは睡眠時間，休憩時間（食事やお風呂もふくむ）の配分を決める。

> なるほど。最初に勉強時間を確保しておくんだね。

> そう。それから，その勉強時間の中で，何をやるかをある程度決めておくと，スムーズに始められていいよ。
> あと，勉強時間はもちろんだけど，睡眠時間の配分もきっちり守ること。中学生なら8時間は確保したいね。

> 勉強だけじゃなくて，睡眠も大事ということね！

COMMENTS

でんがん先生

ぼくが補足でアドバイスするとすれば，必ず「計画は達成できる目標にする」にするっていうことかな。達成できない計画を立てても，意味ないよね。だから，必ず目標が達成できるような計画を立てて，それを全力でやるよう努力してみよう。

Q & A

お金さえあれば何でも買えるの？

 はやく大人になりたいなあ……。だって今，お小遣いが月 1000 円でさ。買いたいもの買ったら，お小遣いなんてすぐなくなっちゃう。たくさんお金をかせいで，好きなものをいっぱい買えるようになりたいよ。

 ああ，まぁ気持ちはわからなくはないなぁ。

 あと，お金があったらなんでも買えるじゃん。本とか食事とかノートだけじゃなくて，形のない，マッサージを受けるとか温泉に入るとか。

 ああ，そういう形のないものでも買えるのが，お金のいいところだよね。そういう**形のないものはサービス，形のあるものは財**といって，この 2 つを合わせて商品とよぶ。この商品を買う行為を 消費 というんだ。

 サービスを買う，ってやってみたいんだよねー。宝くじを買ったら夢も買えるし，温泉に行けば幸せも買える。コンビニに行けば愛も売っている。

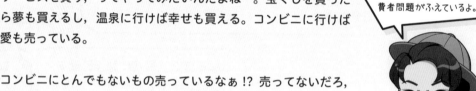

最近はインターネット通販や SNS をきっかけとする消費者問題がふえているよ。

 コンビニにとんでもないもの売っているなぁ !? 売ってないだろ，愛は！

 コンビニといえば，今だったらスマホをかざすだけで，なんか買えたりするんでしょ？

 そうだよ。 キャッシュレス決済 といって，**現金を払わなくてもお金を使える**んだよね。
でも，いいことばかりではなくて，商品を買うことにはいろんな危険もあるんだよ。

 へえ，どんな？

 たとえば，買ったものがこわれていたり，買ったのに使えなかったら困るじゃん？
または，押し売り販売されて，欲しくもないものを買わされることもあるし……。

 それはイヤだなぁ……。

 だから，消費者を保護するために クーリング・オフ というものがある。これは，訪問販売などで商品を購入した場合，**一定の期間内であれば無条件で契約を取り消せる**制度のことだ。

また，　製造物責任法　（PL 法）という法律もあって，たとえば商品に不具合があって消費者が被害を受けた場合，損害賠償を請求できることなどを定めた法律だよ。あとは，　消費者基本法　といって，消費者の権利を明確にした法律もあるので，ここらへんは覚えておいてほしいかな。

 へえ。スマホゲームのガチャの排出率がひどいんだけど，クーリング・オフできる？

 できないなぁ。ただ，今後そういうスマホゲームの消費者問題も，新しく法律で解決していけるようになるかもしれないね。

練習問題
解答解説 ▶▶別冊 28 ページ

1 　右の図を見て，次の問いに答えなさい。
　(1)　A・B にあてはまる語句を次から選んで答えなさい。
　　　〔　労働力　公共事業　税金　賃金　〕

　　A ＿＿＿＿＿＿＿＿＿　　　B ＿＿＿＿＿＿＿＿＿

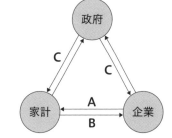

　(2)　政府が税金によって C のような活動をすることを何
　　　というか，漢字 2 文字で答えなさい。

　　　＿＿＿＿＿＿＿＿＿＿＿＿

2 　クーリング・オフ制度についてあてはまるものを，次から選んで，記号で答えなさい。
　ア　契約を結んでから 5 年以内，違法と知ってから 1 年以内なら，契約を取り消すことができる。
　イ　商品を訪問販売や電話勧誘などで購入したとき，一定期間内であれば無条件で契約を解除できる。
　ウ　商品の欠陥で被害を受けたとき，メーカーの責任を問うことができる。

　　　＿＿＿＿＿＿＿＿＿＿＿＿

3 　次の文にあてはまる法律の名称を答えなさい。
　①　製品の欠陥によって消費者の生命・身体や財産に被害が生じた場合，被害と欠陥の因果関係を証明できなくても，企業に賠償責任を負わせることを規定した法律
　②　行政による消費者支援の責務を規定した法律

　　　①＿＿＿＿＿＿＿＿＿＿＿　　　②＿＿＿＿＿＿＿＿＿＿＿

製造物責任法（PL 法）：商品の欠陥が原因で消費者が何らかの被害を受けた場合，製造者に過失がなくても，製造者は損害賠償の責任を負うことを定めた法律。
消費者基本法：消費者保護基本法を改正して 2004 年に成立した法律。国や地方公共団体は消費者の被害を防ぎ，消費者を支援することで自立を促すとされた。

会社って一体何するところなの？

いっせー先生って，会社の社長なんですか？ ネットで調べたら会社のホームページが出てきたので……。

え!? いっせー先生，社長なの!? 社長って，何百人も社員がいて，10億円くらいもうけてるんでしょ？

いいですよね，社長って。お金もうけできそうな匂いがします。

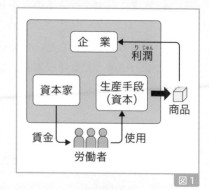

図1

いや，そんなことはないんだよなぁ。まあたしかに，会社，つまりは資本主義のシステムを回している企業というものは，もうけ（　利潤　）を追求するようになっている（図1）。ただしそれは，お金をかせぐことによって，届けたい人に必要なサービスを届ける，という目標のもとで行われているんだよ！

どういうこと？

要するに，いい商品をつくって，だれかを笑顔にするためにはお金が必要ってこと。この場合，**企業の理想を実現させるためのお金のことを資本とよぶ**んだけど，これがないとビジネスは成立しない。いい商品をつくって，売って，もっといい商品をつくっていく……。そんなふうに，**資本をふやしていくことを目標にしている**わけだ。こういうシステムのことを　資本主義経済　とよぶんだよ。

大企業と中小企業

企業数（2016年）	中小企業 99.7%　→大企業 0.3%	
従業者数（2016年）	31.2%	68.8%
付加価値額（2015年）	47.1%	52.9%

（『中小企業白書』2020）

図2

いっせー社長の会社はどんな会社なの？

あー。会社っていうのはそもそも，その規模によってよび方が違う。**大きい企業が大企業で，それ以外が中小企業。**日本の企業の99%以上は　中小企業　だね（図2）。もちろんぼくの会社も。で，その中でもとくに，新しいアイデアをもとに起業する会社のことを　ベンチャー企業　とよぶ。ぼくの会社もそうだよ。

大企業だけあって，数は少なくても売上高はすごいですね。

年商はどれくらいですか？ 株価はどれくらい？

株価って何？

会社をつくるときに資金が必要だから，多くの人から広く資金を集めるために 株式 を発行して，出資してもらうことがあるんだ。これを株式会社とよぶ。
株式を持っている人を 株主 **というんだけど，この株の値段が高いか安いかで会社の価値が決まる。これを株価とよぶんだ。**

 いっせー先生，株価の説明をすることで，さっきの質問から逃げてませんか？

 練習問題　　　　　　　　　　　　　　　　　　　　　　解答解説 ▶▶ 別冊 29 ページ

1 次の文を読んで，下の問いに答えなさい。

> 生産活動の中心となっているのは企業である。日本においては，Ⓐ中小企業の割合が非常に多い。大企業か中小企業かにかかわらず，グローバル化の中で企業は国際競争にさらされている。さらに，近年では企業のⒷ社会的責任が重視され，利益追求と同時に重要なものとなってきている。

(1) 下線部Ⓐの中には，新しい技術などを開発して新規事業をおこす企業も存在する。このような企業を何というか，答えなさい。
　　　　　　　　　　　　　　　　　　　　　　　　　　　　　　　　　_____

(2) 下線部Ⓑに関する文として誤っているものを選んで，記号で答えなさい。
　　ア 積極的に情報を開示することが求められている。
　　イ 利益をうみ出しにくい社会資本を提供することが義務づけられている。
　　ウ 法令などを守ること（コンプライアンス）が求められている。
　　　　　　　　　　　　　　　　　　　　　　　　　　　　　　　　　_____

2 株式会社のしくみを示した右の図を見て，次の問いに答えなさい。

(1) **A** は会社が資本を得るために発行するものであるが，これを何というか。
　　　　　　　　　　　　　　　　　_____

〈株式会社〉

B（出資者）─ 資金 → 資本 → 仕事の決定 → 社員
　　　← A　　会社の活動 ← 取締役会
　　　← C　　利潤 → 役員
　　　　　　→ 株主総会 ←

(2) **B** の「出資者」のことを何というか。
　　　　　　　　　　　　　　　　　_____

(3) 株式会社が支払う **C** の分配金を何というか。
　　　　　　　　　　　　　　　　　　　　　　　　　　　　　　　　　_____

(4) (3)の分配金は，何を基準にして支払われるか。図中の語句からあてはまるものを選んで，答えなさい。
　　　　　　　　　　　　　　　　　　　　　　　　　　　　　　　　　_____

 中小企業：経営規模が小さい企業のことで，「大企業」の対となる用語。従業者数でいうと，製造業では 300 人以下，サービス業では 100 人以下の規模の企業。

価格ってどうやって決まるんだろう？

 チョコ 3 つとアメ 3 つはつり合うでしょ！

 えー！ チョコ 3 つだったら，アメ 4 つじゃないとイヤだ！

 物々交換かあ。まあ，もめるよね。でも，それでもめないようにするためのしくみが，お金なんだよね。

 どういうこと？

 市場の売買のときに使われるお金（貨幣）の役割にはおもに 3 つあって，まず交換の手段になる（図1）。たとえば，チョコもアメも価格が決まっている。チョコが 1 個 50 円でアメが 1 個 40 円だとしたら，チョコ 3 個を 150 円，アメ 3 個を 120 円のお金で買えるわけだ。

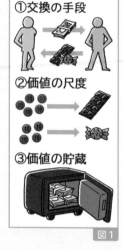

①交換の手段

②価値の尺度

③価値の貯蔵

図1

チョコをなるべく高く買ってくれる人と取引したい。

 チョコやアメをお金と交換するんだよね。

 そうそう。そして，さっきから話しているチョコとアメの論争だけど，こうやってお金で換算したら一発で価値がわかるよね。お金は 価値の尺度 としてもあつかわれるんだ。

 比較できる，ってことか……。

 価値の貯蔵 という機能もある。お金は家に置いておいてもいいし，銀行に預けてもいい。財産として保存が効くわけだね。

 あとは，貸し借りもできるよね！

 そうだね。あんまり中学生はやっちゃいけないと思うけど，お金が足りなくなったときに，だれかから借りることもできる。その場合，利子（利息）と言って，借りたとき以上に返すようにすれば，双方がうれしいことになる。こういう貸し借りをし合うことを金融とよぶよ（図2）。

個人や会社　　　　銀行

貸す

返す

お金を管理

借りたお金 ＋ 利子

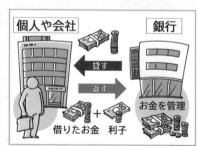

図2

 お金って，いろんなことができるんだね。

商品が欲しい 消費者 は，その商品を売りたい 生産者 からお金を使って買うことができる。難しい言い方で，これを需要と供給とよぶよ。

あ，私もチョコが欲しいんです。ユイさんのチョコ 3 つをアメ 5 つと交換しませんか？

えっ!? アメ 3 つしかないのに！ そんなの，勝てないじゃん！

こうやって，需要が多いものは価値が高くなって，逆に少ないものは価値が低くなっていく。こういうふうに需要と供給で変化する価格のことを 市場価格 とよぶよ。

練習問題

解答解説 ▶▶ 別冊 29 ページ

1　右の図を見て，次の問いに答えなさい。

(1) A・B の曲線を何というか。それぞれの名称を答えなさい。

　A _____　　B _____

(2) A と B が一致するところで決まる点 P の価格を何というか，答えなさい。

　_____

(3) A 曲線と B 曲線の関係について述べた次の文中①・②にあてはまる語句を答えなさい。

> A 曲線が示す量が B 曲線が示す量を上回ったとき，商品の価格は ① 。逆に，B 曲線が示す量が A 曲線が示す量を上回ったとき，商品の価格は ② 。

　①_____　　②_____

(4) 図では，価格は最終的にいくらで決まるか，答えなさい。 _____

2　次の問いに答えなさい。

(1) 市場が 1 社（1 人）の売り手によって支配されているとき，売り手がみずからの判断だけで決定する価格のことを何というか，答えなさい。

　_____

(2) (1)の状態で自由競争が阻害され，消費者の利益をそこなうことを防止するために定められた法律を何というか，答えなさい。

　_____

＋プラスα

需要量：市場において，買い手が一定の価格で買おうとする量。価格が上がれば量はへり，価格が下がれば量はふえる。

供給量：市場において，売り手が一定の価格で売ろうとする量。価格が上がれば量はふえ，価格が下がれば量はへる。

57 公民 金融

銀行って何してるところなの？

 いっせー先生，銀行員って安定的な職業なんでしょ？ 将来はそういうカレシと付き合って，安定した暮らしをしたいな〜。

 お，おう……。銀行員って，そういうイメージなのか！

 やっぱり，いろんな人のお金をもらってるわけだから，お金持ちが多いんでしょ？

 そんなことはないと思うぞ!? たしかにお給料がいい銀行はあるけど，そもそもお金をもらっているわけではないし……。

 えっ？ うちの親とかも銀行にたくさんお金あげてるから，あのお金を使い放題なんじゃないの？

 違う，違う！ そもそも銀行はお金をもらっているんじゃなくて，預かっているんだ。 預金 といって，一旦お金を預かる。それを，お金を貸してほしい人に 貸付 を行って，借りた人や企業はそのお金を使っていろんなビジネスをするわけだ（図1）。

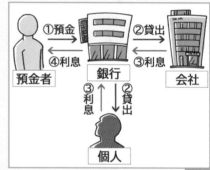

図1

 えっ？ 貸し借りするだけだったら，もうからないじゃん！

 ところが，そうでもないんだよ。お金を借りた人は，お金を返すときに，「お金貸してくれてありがとうございます！ ちょっと多めに返します！」って感じで，ちょっと多くお金を返す 利子 （利息）というしくみがあるんだ。

 なるほど！ そうやって預かったお金がどんどんふえていくわけね！

 そうやって，お金を借りたいと思っている人や，借りたらそのお金を使って新しいことができるという会社に対して 投資 をすることができるわけだね。

 そうかー。でもやっぱり，お金をたくさんあつかえる銀行員ってかっこいいよね！

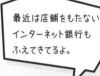
最近は店舗をもたないインターネット銀行もふえてきてるよ。

まあ，たしかに……。でも，銀行員がかっこいいと思うなら，自分が銀行員になったらいいんじゃない？

 私が，銀行員に？ 私に，できるのかなあ。

 できるよ，きっと。

✏ 練習問題　　　　　　　　　　　　　　　　　　解答解説 ▶▶ 別冊 30 ページ

1 右の図を見て，次の問いに答えなさい。
(1) A・B は金融機関である。次のどちらの銀行であるかをそれぞれ答えなさい。
〔 日本銀行　普通銀行 〕

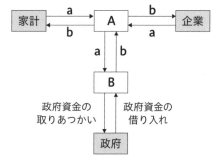

A ＿＿＿＿＿＿＿＿＿＿＿

B ＿＿＿＿＿＿＿＿＿＿＿

(2) a・b にあてはまる語句を次の語群から選んで，それぞれ答えなさい。
〔 預金　送金　貸出 〕

a ＿＿＿＿＿＿＿＿＿　b ＿＿＿＿＿＿＿＿＿

2 次の①・②にあてはまる金融をそれぞれ何というか，答えなさい。
① 資金を必要とする人が株式や債券を発行し，出資者から直接資金を集める金融。
② 銀行に預けられた預金を借りて資金を集めること。

① ＿＿＿＿＿＿＿＿＿　② ＿＿＿＿＿＿＿＿＿

3 一般の銀行の業務として誤っているものを次から選んで，記号で答えなさい。
ア お金を貸し出した先から利子をとり，預金者に支払う。
イ 千円札や五千円札などの紙幣を発行する。
ウ 公共料金やクレジットカードの口座振替を行う。　　　　　＿＿＿＿＿＿＿＿＿

 金融：お金に余裕のある人が，お金を必要とする人に対してお金を融通すること。企業が直接お金を集める直接金融と，金融機関を通じてお金を借りる間接金融がある。
利子(利息)：借り手が貸し手に支払う対価。銀行は，お金を貸し出す個人や企業から利子をとり，預金者に対して利子を支払っている。

不景気ってよくないことなの？

 先生，なぜ 不景気 （不況）って起こるんでしょうか？ 日本は 1990 年代のバブル経済崩壊からずっと，あまりいい経済状態じゃないんですよね？

 まあ，そうだねえ。ずっと不景気……，ってわけではないけれど，あまりいい状態ではないね。経済全体の状態のことを景気とよぶけど，好景気だったらみんながいろんな商品を買ってくれる。でも不景気だったら，あまり商品を買ってもらえないので，企業もあまりもうからないわけだ。

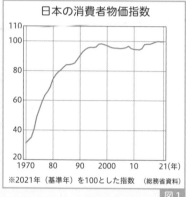

日本の消費者物価指数

※2021 年（基準年）を100とした指数　　（総務省資料）

図1

 やっぱり，不景気だったらダメなんですよね？

 別にダメってことはないけどね。でも，商品が売れない→企業がもうからない→労働者の給料もふえない→みんな商品を買おうとしない……って感じで，価格が低くても商品を買ってもらえない状態になっちゃうからね。
このように**価格が低くなる状況**を デフレーション ， 逆に**価格が高くなる状態**を インフレーション とよぶよ（図1）。

50 年前と比べると，物価は 3 倍くらいになっていますね。

 どうすれば，景気は回復するんでしょうか？

 うーん，とても難しい問いだね。というか，その問いの答えを探して，多くの人ががんばっている。具体的に言うと，物価が低くなりすぎたりするのをおさえるために，日本銀行(日銀)が 金融政策 を行って，景気の回復をしようとしている。

 どんなことをしているんですか？

 うん。一般の銀行にお金を貸すんだ。すると，企業は銀行からどんどんお金を借りて生産活動を行う。それによって企業の利益がふえれば，労働者の給料もふえて景気が回

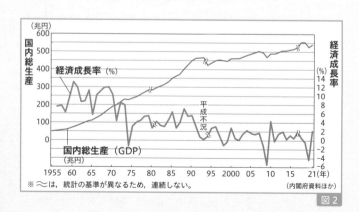

※ 〰 は，統計の基準が異なるため，連続しない。　　（内閣府資料ほか）

図2

復していくでしょ？ まあ，それもうまくいかない場合があるんだけどね。

私，日本がけっこう好きなので。もっと日本が経済成長すればいいのに，って思ってるんですよね。だから，不景気とかはやく終わってほしいなと。

それは，いい心がけだ。でも，別に今だって，日本は経済成長しているんだよ！**かつて日本は高度経済成長期で，1955年からずっと** 国内総生産 **（GDP）は年平均10％程度の成長が続いていた（図2）。**その時と比べたら，今は成長速度はかなりにぶくなっているけど，悪いことばかりじゃないんだよ。

✏ **練習問題**　　　　　　　　　　　　　　　　解答解説 ▶▶ 別冊30ページ

1　右の図を見て，次の問いに答えなさい。
　(1)　A・Bにあてはまる語句を，次の語群から選んで，それぞれ答えなさい。
　　　〔　好景気　不景気　〕

　　A ＿＿＿＿＿＿＿＿＿　B ＿＿＿＿＿＿＿＿＿

　(2)　次の状態は好景気のときのものか，不景気のときのものかを答えなさい。
　　　①　生産が拡大して企業の利益がふえ，新技術の導入や設備投資が活発になる。
　　　②　商品が売れ残り，生産が縮小されて売り上げや賃金が下がる。

　　　① ＿＿＿＿＿＿＿＿＿　② ＿＿＿＿＿＿＿＿＿

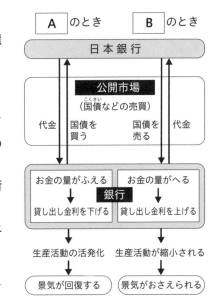

　(3)　次の財政政策は，好景気のときに有効なものか，不景気のときに有効なものかを答えなさい。
　　　①　減税や公共事業の拡大
　　　②　増税や公共事業の縮小

　　　　　　　　　① ＿＿＿＿＿＿＿＿＿　② ＿＿＿＿＿＿＿＿＿

不景気（不況）：経済活動が停滞した状態。商品が売れづらくなって物価が下落し，企業は生産をおさえる。倒産する企業がふえ，人々が失業したり所得が減少したりする。
国内総生産（GDP）：ある国で1年間に生産された財・サービスの付加価値の合計。

税金って何に使われているの？

ねー，先生。税金っていらなくない？　なんか買ったら消費税がかかって，働いたら所得税がかかって，「買い物したら罰金（ばっきん）！」「働いたら罰金！」みたいでひどくない？　やってられないじゃん！

ああ，まあ気持ちはわからないでもないけどね。でも，税金は罰金じゃないよ。ぼくらが生活するために必要なしくみなんだ。

えー。罰金みたいなもんでしょ？

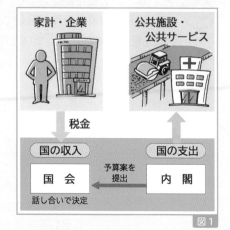

図1

私たちが納めた税金で社会が維持されているんだね。

たとえば道路は，定期的に手入れをしないといけない。または，新しい道をつくろうと思ったら，それにもお金がかかる。政府が 公共サービス を提供するためには，税金を使わないといけないわけだな（図1）。
こういうみんなが使うもののことを 社会資本 （インフラ）とよぶよ。

でも，消費税とかってお金持ちも貧乏（びんぼう）人も同じだけ払（はら）ってるじゃない？　そういうのって，不平等だと思うんだよね。

それはわかる。だけど，だからこそ，所得に応じて税率が変わる 累進課税 とよばれる方法がとられているんだ。

え，そんなのってあるの？

実は税金って，2つの種類にわけられる。消費税とか酒税とか，そういう税金は 間接税 とよばれる。
一方で，かせいだ金額に応じてお金がかかる，所得税とか法人税もあって，これは 直接税 とよばれる（図2）。
ユイさんはまだ子供だからわからないかもしれないけれど，ユイさんの親御（おやご）さんには直接税がかかっているよ。

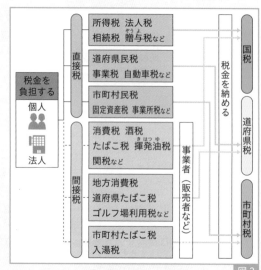

図2

たしかに，それは知らなかったなあ。

それに，税金の使い道の1つに，国を元気にするための投資がある。たとえば，景気を安定化するための財政政策や，景気が悪くなってしまったときに投資をする公共投資などで企業（きぎょう）の仕事をふやすなど，そういうことのためにお金を使っていたりもするんだよ。

なるほどね。税金ってけっこういろんな使い方をされてるんだねえ。

あとは，生活が困難になってしまった人などのために 社会保障制度 というものがあって，国民を支援（しえん）してくれることがあるんだ。生活保護とかはその1つだね。

✎ 練習問題

解答解説 ▶▶ 別冊31ページ

1 次の文を読んで，下の問いに答えなさい。

> 政府（国・地方公共団体）は，個人や企業から所得の一部などを ① として集め，国民のために支出するという経済活動を行っている。政府の経済活動は， ② 企業では供給されにくい道路や水道などの⒜社会資本や⒝公共サービスを提供する。それにより，失業者や高齢者（こうれいしゃ），病気の人や障がいのある人，子供など，弱い立場の人々の生活を支援して，国民の ③ を向上させることなどが目的である。

(1) 文中の①〜③にあてはまる語句を次の語群から選んで，それぞれ答えなさい。

〔 私 税金 供給 福祉（ふくし） 公 〕

① ＿＿＿＿＿＿＿　② ＿＿＿＿＿＿＿　③ ＿＿＿＿＿＿＿

(2) 下線部⒜についての説明として適切な文を，次のア〜エから2つ選んで，記号で答えなさい。

ア 国や地方公共団体が提供する上下水道や病院などの生活関連施設（しせつ）。
イ 防衛や外交など，代金支払い（しはらい）の義務がないもの。
ウ 鉄道・港湾（こうわん）など産業の基盤（きばん）となる公共的施設。
エ 政府と民間が共同で資本を出資する社会的な民営事業。

＿＿＿＿＿＿＿＿＿＿

(3) 下線部⒝にあてはまるものを，次のア〜オから2つ選んで，記号で答えなさい。

ア 寺院や神社　イ 消防や警察　ウ 証券取引所（しょうけんとりひきじょ）
エ 学校教育　オ 飛行場や港湾

＿＿＿＿＿＿＿＿＿＿

累進課税（るいしん）：所得税や相続税などで，課税対象の額が大きくなるほど税率が高くなる方法。高所得者の負担を大きくし，低所得者の負担を小さくする効果がある。

公民 地球環境問題

SDGs って何？　なぜ大切なの？

いっせー先生，ぼくらは日本という国に住んでるけど，世界にはいくつくらいの国があるの？

イツキくん，社会科に興味がわいてきたみたいだね。世界には現在，196 か国あるよ（2022 年 12 月末現在）。そして，1 つの国で解決できないことがたくさんある。こんなにたくさん国があったら，いろんな国の意見が対立してしまうからね。たとえば，地球環境問題がその典型的なものだね。
イツキくんは 地球温暖化 って聞いたことある？

地球温暖化くらいは，さすがにぼくも知っているよ。二酸化炭素をはじめとする 温室効果ガス が原因なんだよね。

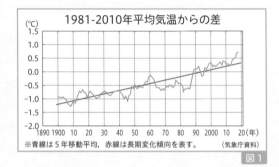

1981-2010年平均気温からの差

※青線は 5 年移動平均，赤線は長期変化傾向を表す。　（気象庁資料）

図1

そう，日本ではここ 100 年間で 1.3 度くらい年平均気温が上昇しているんだ（ 図1 ）。

1.3 度？　1 度くらいたいしたことない気もするんだけど……。

それがそうでもないんだ。世界中の研究者が集まってつくった報告書では，平均気温がたった 0.5 度違うだけで，海面上昇，干ばつや洪水を引き起こす極端な気象変化を増加させると言われている。だから，世界的にこれを解決しようという流れになっているんだ。
21 世紀末の世界平均気温を，産業革命前と比べて 2 度未満の上昇までにおさえようという目標が，2015 年にパリで行われた会議で決まったんだ。これを パリ協定 という。

2015 年のパリ協定では途上国もふくめたすべての国が目標に取り組むことになったんだよ。

なるほどねえ。でも，地球規模の課題には，地球温暖化以外の問題もあるよね。

まさにその通り。環境問題以外にも，貧困や紛争，感染症など，さまざまな問題を世界中からなくそうという取り組みが行われているんだ。

ふーん。なんでそういった取り組みが行われているんだろう？

それはね，持続可能性 っていうキーワードで説明できるんだ。地球温暖化の話で

もわかるように，ぼくたちが今までしてきた豊かな生活をずっと続けられるとは限らない
よね。世界中の貧困のことや，紛争，環境問題のことを考えなければ，いつ世界の安定が
くずれてしまうかわからないんだ。

 ……なんかちょっと怖い。

 でしょ？ だから，同じ 2015 年に，国連総会で世界の持続可能性を維持するための「持
続可能な開発目標」が立てられた。それを英語の略称で SDGs というんだよ。

練習問題

解答解説 ▶▶ 別冊 31 ページ

1 次の文章とグラフを見て，下の問いに答えなさい。

> 1997 年の地球温暖化防止京都会議では ① が採択され，先進国が温室効果ガス排
> 出量を削減することを定めた。① 後の枠組みとして，2015 年には ② が採択
> され，途上国をふくむすべての参加国が自主的に削減目標を決めて対策を進めること
> で合意した。

(1) ①・②にあてはまる語句を書きなさい。

① ＿＿＿＿＿＿＿＿＿＿＿＿＿＿＿

② ＿＿＿＿＿＿＿＿＿＿＿＿＿＿＿

(2) 温室効果ガスの排出量に関する右のグ
ラフを見て，①の問題点を簡潔に説明
しなさい。

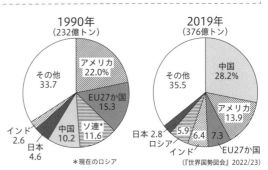

1990年
(232億トン)
アメリカ 22.0%
EU27か国 15.3
ソ連* 11.6
中国 10.2
日本 4.6
インド 2.6
その他 33.7
＊現在のロシア

2019年
(376億トン)
中国 28.2%
アメリカ 13.9
EU27か国 7.3
インド 6.4
ロシア 5.9
日本 2.8
その他 35.5
（『世界国勢図会』2022/23）

2 次の問いに答えなさい。
(1) 先進国と発展途上国の間の経済格差のことを何というか，答えなさい。

(2) 発展途上国の間で発生している経済格差のことを何というか，答えなさい。

(3) BRICS とよばれる 5 か国をすべて書きなさい。

パリ協定：京都議定書に代わる 2020 年以降の地球温暖化対策の国際的な枠組みで，
2016 年に発効した。先進国だけでなく発展途上国も対象になった。

SDGs（持続可能な開発目標）：持続可能な社会を実現するために，2030 年までに達成す
べき 17 の目標。

Q&A 13 部活を続けていても，受験に合格できる？

ユイ

いっせー先生，受験勉強って部活との両立が大変って聞くけど，最後まで部活を続けていても合格できる？

いっせー先生

高校入試はもちろん，東大へ合格した人の中にも部活を最後まで続けていた人はたくさんいるよ。こーさく先生もその一人だね。たしかに両立は大変だけど，けっして不可能なことじゃないんだ。

そうなんだ！どうしたらいいの？

まずは，どんなに部活で疲れていても，毎日1時間は勉強すると決めよう。
時間ができれば成績が上がると思って，とちゅうで部活を辞める人もいるけど，結局ふえた時間を無駄にしちゃって合格できないこともあるんだ。

部活の時間は思う存分打ち込んで，毎日1時間だけ必死に勉強する。その1時間でどれだけ効率のよい勉強ができるか，よく考えて取り組んだほうが時間を有効に使えていいと思うよ。

COMMENTS

こーさく先生

おっ，いっせー先生によばれた気がしたぞ……（笑）！ ぼくは実際に野球部を高校3年生の夏まで続けていたよ〜。部活をやっていると，もちろん勉強時間は限られちゃうけど，時間にメリハリをつけられれば，集中力を高めて勉強できるよ！

受験期間中，家族に協力してもらうことは？

リン

> いっせー先生，受験期間中は家族の協力も必要ですよね。どんなことを協力してもらったらいいですか？

いっせー先生

> ぼくが編集でかかわっている『ドラゴン桜2』に「東大合格必勝法 家庭の10カ条」というのが出てきて，受験生の母親に渡す場面があるよ。

> これは高校受験にも有効だから，リンさんも家族に渡して，この10カ条に協力してもらったらどうかな？

1. 一緒に朝ご飯を食べること
2. 何か一つでも家事をさせること
3. 適度に運動させること
4. 毎日同じ時間に風呂に入らせること
5. 体調が悪いときは無理させず，休ませること
6. リビングはいつでも片付けておくこと
7. 勉強に口出しをしないこと
8. 夫婦仲を良くすること
9. 月に一度家族で外食すること
10. この10カ条を父親と共有すること

> 自分ではなかなか言えないから，これいいね！ 渡してみる〜。

COMMENTS

すばる先生

たしかに自分から家族に交渉するよりも『ドラゴン桜2』の10カ条を渡すほうが，シンプルで伝わりやすいよね。個人的には7と8がとくに大事かな。学校や塾で疲れて帰宅したときでも，落ち着いてゆっくり過ごせる環境であれば，切り替えがしやすそうだな〜。

中学生のみんなへ伝えたいこと

—— 勉強する意味って何? どうしても勉強しなきゃだめ?

「水平方向」(前)へ進んでいくのが人生だとしたら,勉強すると「垂直方向」(上)へ進んでいけるんだと思う。階段を上って上から景色を見たら,行く先の道の様子や障害物の有無(うむ)がわかるよね。そんなふうに先を見通せたら,夢というゴールへ進むための戦略を立てやすくなる。それに上から見れば,ゴールまでの道筋がわかるから,あきらめずに目指していける。

そんなふうに,勉強するといろいろなものが見えてきて世の中がわかってくるから,おもしろいことがふえてくるんだ。きみがどんなゴールを目指すとしても,勉強はしておいたほうがいいと思うよ。

現役東大生でありながら多方面で活躍(かつやく)中のいっせー先生

—— いろいろな勉強法があるけど,自分に合う方法をどうやって見つける?

どの勉強法がいいかわからないと言っている人の多くは,たいしてやってみていない。ぼくもそうだったから気持ちはわかるけど,悩むひまがあったらまずはやってみよう。それに,ある程度勉強したことがないと,いい勉強法についての説明を聞いても理解できないことがあるよ。勉強を続けていて初めて,「先生があのとき言っていたことって,こういうことか!」となるときがあるから,まずはとにかくやってみたほうがいい。その中から,自分が納得して続けられそうな方法を選んでいこう。

—— 学校の先生の教え方が合わない気がする。受験勉強は自分を信じて自己流を貫(つらぬ)いたほうがいい?

そうとは限らないよ。ぼくが受験を通して学んだのは「人の言うことを聞いたほうがいい」ということ。身近な先生の言うことを聞いて,まずはそれをある程度実践(じっせん)してみよう。もしかしたら世の中には,もっといい先生がたくさんいるのかもしれない。でも,まずは目の前にいる先生の言うことを信じて,いったんやってみる。勉強ってやればやるほど伸(の)びるから,先生がどうこうより,どれくらい勉強したかが一番重要だと思うよ。

—— 模試で一度でも E 判定を取ってしまったら,志望校は変えたほうがいい?

今の世の中って,失敗とか負けに対する怖(こわ)さがどんどん大きくなっているよね。1回失敗したら大変なことになるって,みんな思いすぎじゃないかな。

失敗とか負けは悪いものじゃない。まして，模試は本番ではないんだから，そこから学び，対策をしっかりして本番に生かすことができるはず。模試の判定が悪かったからといって，すぐにあきらめなくていいと思うよ。

―― 高校受験ってどんなもの？ どんなふうにとらえたらいい？

 ぼくは中高一貫校に通っていたから高校受験はしなかったけど，個人的には経験したほうがいいと思っている。高校受験は，自分の意思が芽生えてきた時期に，自分で選んだ目標に向かって試行錯誤し，努力する経験ができるとてもいい機会。この時期に得た経験値ってものすごく大きい。いずれ大学受験をする際にも，大きな支えになると思うよ。

―― 高校受験に対するプレッシャーがつらい。受からなかったらどうなるのかと思うと，怖くてしかたがない。どう考えたらいい？

何もかもうまくいかず，グレていた(?)高校時代

 受験期になると，「落ちたら死ぬ」くらいの気持ちになってしまう人がけっこういる。そんな感じだと，せっかく蓄えてきた力を十分に発揮しきれないかもしれない。
ぼくは二浪しているので，「受験に落ちても死なない」ことは身をもって知っている。それに，浪人時代が自分を大きく成長させてくれたという人もいるし，浪人したおかげで仲のいい友達ができたという人もいる。したくて浪人したわけじゃないけど，あとになってみれば，不思議とそんなふうに思えることもあるんだよね。
そんなものかもしれないととらえて，あとはあまり考えすぎないほうがいい。そのほうが気楽になって，結果として現役合格を果たせると思うよ。

イツキ
まずはどんな方法でもある程度勉強してみないと，どんな勉強法が合うかもわからないんだね。

ユイ
高校受験をクリアして大きな経験値をもらえたら，わたしのレベルが格段に上がりそう。やる気が出てきたよ！

リン
絶対に合格したいけど，志望校はそう簡単にあきらめなくてもいいのかなって気がしてきました。

INTERVIEW

さくいん＆用語集

色文字になっているページには，くわしい説明があります。

A〜Z

☐ ASEAN（東南アジア諸国連合） ·············· 039
東南アジア諸国の政治的安定をめざすための組織

☐ SDGs（持続可能な開発目標） ·············· 153
国連が定めた持続可能な開発のための17の目標

あ

☐ アジアNIES（新興工業経済地域） ·············· 037
経済成長した韓国・シンガポール・台湾・ホンコン

☐ 異国船打払令 ·············· 107
江戸幕府が日本に近づく外国船の撃退を定めた法令

☐ 緯度 ·············· 022
赤道を0度として北極点・南極点までを分割したもの

☐ 猿人 ·············· 070・071
アフリカで最初に出現した最古の人類

☐ 応仁の乱 ·············· 096・097
室町幕府8代将軍のあとつぎ問題から起こった戦乱

☐ 温帯 ·············· 024
適度に雨が降り温暖な気候帯

か

☐ 学制 ·············· 109
明治初期，6歳以上の男女に小学校教育を受けさせることを義務づけた法令

☐ 過疎 ·············· 136
人口が流出して社会生活の維持が困難な状態

☐ 株式会社 ·············· 143
株式を発行して多くの人から資金を調達する企業

☐ 冠位十二階 ·············· 077
飛鳥時代に聖徳太子が才能で人材を登用した制度

☐ 勘合貿易 ·············· 096・097
室町時代に勘合という合い札を使って明と行った貿易

☐ 乾燥帯 ·············· 024
1年を通して降水量が少ない気候帯

☐ 寒帯 ·············· 024
1年を通して気温が非常に低い気候帯

☐ 環太平洋造山帯 ·············· 030・031
太平洋を取りまく造山帯

☐ 議院内閣制 ·············· 134・135
内閣が国会の信任にもとづいてつくられ，国会に対して連帯責任をもつ制度

☐ 北大西洋条約機構（NATO） ·············· 120
アメリカを中心とした資本主義諸国の軍事同盟

☐ 近郊農業 ·············· 058・062・063
大都市の周辺地域で野菜や果物を栽培する農業

☐ クーリング・オフ ·············· 140
一定期間内なら無条件で契約を取り消せる制度

☐ グローバル化 ·············· 124
国境をこえて人やモノが移動して世界が一体化すること

☐ 経度 ·············· 022・027
0度の経線を基準として東西を180度に分割したもの

☐ 元寇 ·············· 092
鎌倉時代に元軍が2度にわたって日本を攻めてきたできごと

☐ 建武の新政 ·············· 094・095
鎌倉幕府をたおした後醍醐天皇による天皇中心の政治

☐ 合計特殊出生率 ·············· 126・127
1人の女性が一生のうちにうむ子供の平均人数

☐ 公地・公民 ·············· 078
国家が土地と人民を直接支配するしくみ

☐ 国際分業 ·············· 124・125
得意な分野の生産に特化し，不得意分野は輸入にたよる

☐ 混合農業 ·············· 042・043
穀物栽培と家畜飼育を組み合わせた農業

☐ 墾田永年私財法 ·············· 084・085
新しく開墾した土地の永久私有を認めた法令

さ

☐ 参勤交代 ·············· 100
大名を1年ごとに江戸と領地を行き来させた制度

☐ 潮目（潮境） ·············· 064・065
暖流と寒流がぶつかる海域

☐ 時差 ·············· 026
2つの地点の間で起こる時刻のずれ

☐ 執権 ·············· 090・091
鎌倉時代に将軍を補佐した役職で，北条氏が独占した

☐ 資本主義 ·············· 120・142
資本家が労働者を雇い，商品を生産して利潤を追求

☐ 十七条の憲法 ·············· 077
飛鳥時代に聖徳太子が役人の心がまえを示した法令

☐ 食料自給率 ·············· 033・125
国内で消費する食料のうち，自国で生産された割合

☐ 征夷大将軍 ·············· 090
朝廷から任じられる役職。源頼朝以降は武士の中の頂点という意味をもち，幕府の代表として政治を行った

□ **西岸海洋性気候** ……………… 042
せいがんかいようせいきこう
夏は涼しく冬も比較的温暖な温帯の気候

□ **赤道** ……………………………… 022
せきどう
緯度 0 度の緯線。インドネシアなどを通る

□ **摂関政治** ……………………… 082
せっかんせいじ
天皇の幼少時には摂政，成人後は関白として実権をにぎった政治

□ **促成栽培** ……………… 032・057
そくせいさいばい
野菜などの成長をはやめて生産し出荷する栽培方法

た

□ **大化の改新** …………………… 078
たいかのかいしん
中大兄皇子と中臣鎌足が進めた天皇中心の政治改革

□ **大正デモクラシー** …………… 112
たいしょう
大正時代にさかんだった自由と民主主義を求める運動

□ **大日本帝国憲法** ……………… 110
だいにっぽんていこくけんぽう
明治時代に天皇が国民に授ける形で発布された憲法

□ **ダイバーシティ** ……………… 129
年齢や性別，国籍などの違いをこえて，多様な生き方を認め合うこと

□ **多文化共生** …………………… 128
たぶんかきょうせい
国籍や民族の違う人々が相手の文化を尊重して共存

□ **地中海性気候** ………………… 042
ちちゅうかいせいきこう
夏に乾燥し，冬に雨が降る温帯の気候

□ **朝鮮戦争** ……………………… 121
ちょうせんせんそう
冷戦の時代に北朝鮮と韓国の間で起きた戦争

□ **徳政令** ………………………… 093
とくせいれい
借金を帳消しにする法令

な

□ **日米修好通商条約** …………… 107
にちべいしゅうこうつうしょうじょうやく
1858 年にアメリカとの間で結ばれた不平等条約

□ **日本アルプス** ………………… 060
にほん
飛驒山脈・木曽山脈・赤石山脈の総称

□ **日本国憲法** ………… 118・119・130
にほんこくけんぽう
GHQ が起案し国会による議決を経て 1946 年に公布

□ **熱帯** …………………………… 024
ねったい
1 年を通して気温が高い気候

は

□ **白豪主義** ……………… 050・051
はくごうしゅぎ
白人以外の移住を制限したオーストラリアの政策

□ **パリ協定** ……………… 152・153
きょうてい
2020 年以降の地球温暖化対策の国際的な枠組み

□ **班田収授法** …………… 080・081
はんでんしゅうじゅのほう
戸籍にもとづき 6 歳以上の男女に口分田をあたえた法

□ **日付変更線** …………… 026・027
ひづけへんこうせん
ほぼ経度 180 度線を境に，東側と西側で日付を変更するよう決めた線。太平洋上にある

□ **一人っ子政策** ………… 036・037
ひとり こせいさく
中国で人口増加をおさえるために実施されていた政策

□ **フォッサマグナ** ……… 030・031
本州の中央部を南北に走り日本列島を東西にわける溝

□ **富国強兵** ……………………… 108
ふこくきょうへい
近代国家をめざして経済力と兵力を強化する政策

□ **プランテーション** ……… 038・039・044・048
植民地で特定の商品作物を大量に生産する大規模農園

□ **分国法** ………………………… 098
ぶんこくほう
戦国大名が領土を治めるために独自に定めた法

□ **偏西風** ………………………… 042
へんせいふう
中・高緯度にある大陸西岸に吹く西寄りの風

□ **本初子午線** …………… 022・023・026
ほんしょしごせん
経度 0 度の経線。イギリスのロンドンを通る

ま

□ **モノカルチャー経済** ……… 044・045・048
けいざい
特定の農作物や鉱産資源の生産と輸出にたよる経済

や

□ **邪馬台国** ……………… 074・075
やまたいこく
3 世紀の日本で卑弥呼が 30 あまりの国を従えていた

□ **大和政権** ……………… 076・077
やまとせいけん
古墳時代，王や有力豪族を中心とした政治権力

□ **抑制栽培** ……………… 032・033
よくせいさいばい
野菜などの成長をおくらせて生産し出荷する栽培方法

ら

□ **楽市・楽座** …………………… 098
らくいち らくざ
座を廃止して商工業者に自由な営業を認めた政策

□ **酪農** …………………… 042・066
らくのう
乳牛を飼育し，牛乳や乳製品を生産する農業

□ **リアス海岸** …………… 064・065
かいがん
海岸線が複雑に入り組んだ海岸

□ **累進課税** ……………… 150・151
るいしん かぜい
所得や相続額などが多くなるほど税率が高くなる方法

□ **レアメタル(希少金属)** …… 045・048
きしょうきんぞく
電子機器などに不可欠だが埋蔵量が少なく貴重な金属

□ **冷帯(亜寒帯)** ………………… 024
れいたい あかんたい
長い冬と短い夏があり，年間の気温差が大きい気候帯

□ **六波羅探題** …………………… 091
ろくはらたんだい
承久の乱後に京都に設置され，朝廷を監視した機関

著者紹介

西岡 壱誠

現役東大生。株式会社カルペ・ディエム代表。スタディサプリ講師（地理・歴史）。

偏差値35から東大を目指すも，2年連続不合格。3年目に勉強法を見直し，偏差値70，東大模試で全国4位になり，2浪で東大合格を果たす。

東大入学後，人気漫画『ドラゴン桜2』（講談社）に情報提供を行い，ドラマ日曜劇場「ドラゴン桜」の脚本監修を担当。

2020年に株式会社カルペ・ディエムを設立し，代表に就任。偏差値35から東大合格を果たしたノウハウを全国の学生や学校の教師たちに伝えるため，高校生に思考法・勉強法を教えているほか，教師に指導法のコンサルティングを行っている。

『「読む力」と「地頭力」がいっきに身につく 東大読書』（東洋経済新報社）など著書多数。

Twitter：@nishiokaissey

YouTube：西岡壱誠のアタマの中（@nishiokaissei）

□ 企画編集　柳田香織

□ 執筆協力　高橋みか

□ 編集協力　㈱オルタナプロ　㈱カルペ・ディエム　菊地聡　佐藤英徳

□ 本文デザイン　齋藤友希／佐野紗希（トリスケッチ部）

□ 図版作成　㈱オルタナプロ

□ 写真提供　共同通信社　国立国会図書館　徳川美術館所蔵　© 徳川ミュージアム・イメージアーカイブ／DNPartcom
　　　　　　ユニフォトプレス　ColBase（https://colbase.nich.go.jp/）

□ イラスト　月代

□ 監修（認知特性）　本田式認知特性研究所

シグマベスト

いっせー先生と学ぶ
中学社会のきほん 60レッスン

本書の内容を無断で複写（コピー）・複製・転載することを禁じます。また，私的使用であっても，第三者に依頼して電子的に複製すること（スキャンやデジタル化等）は，著作権法上，認められていません。

著　者	西岡壱誠
発行者	益井英郎
印刷所	岩岡印刷株式会社
発行所	株式会社文英堂

〒601-8121　京都市南区上鳥羽大物町28
〒162-0832　東京都新宿区岩戸町17
（代表）03-3269-4231

いっせー先生と学ぶ

中学社会の
きほん **60** レッスン

解答集

文英堂

1 世界の地表のうち，7割が海なの？

世界の地域区分 ▶▶ 本冊 21 ページ

解 答

1. ア 太平洋
   イ 大西洋
   ウ インド洋
   A 北アメリカ大陸
   B 南アメリカ大陸
   C アフリカ大陸
   D ユーラシア大陸
   E オーストラリア大陸
2. アジア州，ヨーロッパ州〔順不同〕
3. 南極大陸

解 説

1. **ア・イ・ウ** 「太平洋」「大西洋」「インド洋」を合わせて「三大洋」とよびます。

   A 北アメリカ大陸にはカナダ，アメリカ，メキシコと中央アメリカの国々があります。

   E オーストラリア大陸にはオーストラリアという1つの国しかありません。

2. ロシアを南北に縦断する**ウラル山脈を境にして，東側がアジア州，西側がヨーロッパ州**です。

ちょっと難しかったかな？
とくに大陸の位置は，どこに何があるかわからないと，地理の勉強で苦労することになるから，しっかり覚えよう！

2 地球って傾いてて大丈夫なの？

緯度と経度 ▶▶ 本冊 23 ページ

解 答

1. (1) 赤道
   (2) 緯線
   (3) 経線
2. 北半球
3. (1) 極夜
   (2) 白夜
   (3) 高緯度の地域

解 説

1.
(2) 緯度0度のラインが赤道だから，赤道と平行になっているB線は緯線だということがわかります。

2.
日本列島は地球儀上で赤道より上にあることから，北半球にあるということになります。

3.
(1) 太陽が地平線から昇らず**1日中夜になる現象を「極夜」**といい，極圏で冬に起こります。

(2) 太陽が地平線に沈まず**1日中昼になる現象を「白夜」**といい，極圏で夏に起こります。

(3) 極夜も白夜も，北極圏や南極圏などの**高緯度の地域**で発生する現象です。

緯度・経度はどっちがどっちかわからなくなることがあるかもしれないけど，そういうときは「北緯」や「東経」などがどこを指すかで，思い出すようにしよう！

3 世界はどんな気候にわけられる？

世界の気候　▶▶ 本冊 25 ページ

解答

[1] ① 高　② 極夜　③ 白夜
　④ 寒暖（気温）　⑤ ユーラシア
　⑥ 砂漠　⑦ 雨　⑧ 赤道
　⑨ 四季

[2] A 熱帯　B 乾燥帯
　C 温帯　D 冷帯（亜寒帯）
　E 寒帯

[3] 熱帯→温帯→冷帯→寒帯

解説

[2]

A 赤道の付近に分布することから，熱帯だとわかります。

B 熱帯よりも赤道から遠くに分布しており，砂漠が広がる地域であることから，乾燥帯だとわかります。

C アジア州，ヨーロッパ州などの多くの地域に分布していることから，温帯とわかります。温帯はさらに細かい区分として，温暖湿潤気候，地中海性気候，西岸海洋性気候にわけられます。

D 北半球の高緯度に分布していることから，冷帯（亜寒帯）だとわかります。

E 南極や北極とその周辺に分布していることから，寒帯だとわかります。さらに細かい区分として，ツンドラ気候と氷雪気候にわけられます。

[3]

　赤道から近いほど気温が高く，赤道から遠いほど気温が低い傾向があります。

気候区分は，中学校だけじゃなくて高校でも勉強するとても重要な分野だよ！「温帯と熱帯」「冷帯と寒帯」はまぎらわしいので，区別できるようにしよう！

4 日本が 12 時のときパリは 4 時なの？

日本と世界の時差　▶▶ 本冊 27 ページ

解答

[1] (1) 経度
　(2) 12 月 6 日の午前 1 時
　(3) 12 月 6 日の午後 2 時
　(4) 12 月 6 日の午後 11 時

[2] ウ，エ〔順不同〕

解説

[1]

(1) 経度 15 度で 1 時間の時差が生じます。

(2) 135 度÷15 度＝9 時間なので，日本とイギリスのロンドンでは 9 時間の時差があります。西へ行くほど時刻がおそいので，日本のほうがロンドンよりも 9 時間進んでいます。日本が 12 月 6 日午前 10 時のとき，イギリスは同じく 12 月 6 日の午前 1 時です。

(3) A さんが出発したとき，ロンドンで 12 月 6 日午前 1 時なので，それに 13 時間を足すと 14 時，すなわち午後 2 時となります。

(4) (2)より，日本はロンドンよりも 9 時間進んでいるので，12 月 6 日午後 2 時に 9 時間を足し，12 月 6 日午後 11 時となります。

[2]

ア サンクトペテルブルクとイルクーツクは 120−45＝75 度の違いがあるので，75 度÷15 度＝5 時間の時差があります。ただし，サンクトペテルブルクはイルクーツクよりも西にあるので，時刻はおそいです。

時差の問題は，時間を足さなければならないのか引かなければならないのかが，わかりにくいよね。東へ行くほど時刻がはやく，西へ行くほど時刻がおそいと覚えておこう！

5 日本は7つの地方にわけられる!

日本の地域区分 ▶▶ 本冊29ページ

解答

1. A 北海道地方
   B 東北地方
   C 中部地方
   D 関東地方
   E 中国・四国地方
   F 近畿地方
   G 九州地方
2. ① 関東地方
   ② 北海道地方
3. ① 中国・四国地方
   ② 東北地方
   ③ 近畿地方
   ④ 中部地方
   ⑤ 九州地方

解説

3.
① 鳥取県は中国・四国地方の日本海側に位置します。
② 福島県は,関東地方にふくまれる茨城県と栃木県の北に位置します。
③ 和歌山県は大阪府の南に位置します。
④ 静岡県は,関東地方にふくまれる神奈川県の西に位置します。
⑤ 宮崎県は九州地方の太平洋側に位置します。

面積はあんまり大きくないのにもかかわらず,関東地方は一番人口が多いんだ。北海道地方は都道府県としては1つしかないのに,面積が一番大きいことは覚えておこう!

6 日本って国土の7割以上が山なの?

日本の地形 ▶▶ 本冊31ページ

解答

1. (1) ① 飛驒
      ② 木曽
      ③ 赤石
   (2) 日本アルプス
   (3) フォッサマグナ

解説

1.
(1) 飛驒山脈を北アルプス,木曽山脈を中央アルプス,赤石山脈を南アルプスとよぶことから,3つの山脈の位置関係がわかります。
(2) 日本アルプスは,日本列島の中央部に3000m級の山々がつらなることから「日本の屋根」ともよばれます。
(3) **フォッサマグナは本州の中央部を走る溝状の地形**です。これを境目として,日本列島は東日本と西日本にわかれます。

飛驒山脈・木曽山脈・赤石山脈の3つは場所もふくめて名前をしっかり覚えておこう!

7 1年中かぼちゃが食べられるのはなぜ？

日本の農業 ▶▶ 本冊 33 ページ

解答

1 (1) なす
　(2) 冬から春
2 端境期（はざかい）

解説

1

(1) **高知県が生産量日本一の野菜は，なすです。**
レタスは，生産量が多い長野県，茨城県，群馬県の3県で，全国生産量の約6割をしめています。トマトは熊本県，北海道などでさかんに生産されています。

(2) あたたかい気候を利用して，本来は多く出回る季節よりもはやく出荷することから，「冬から春」と答えることができます。

2

なすの月別入荷量（棒グラフ）は，6～9月に多くなっています。その時期には価格も下がっていることがわかります。一方，**入荷量が少ない時期には，価格も上がっています。**

「端境期」は漢字で書けたかな？
「端」は「はし」と読むよ。「境」は「さかい」と読むね。「端っこ」で「境界」になっている時期，と覚えておこう！

8 世界人口の6割がアジアに住んでいる？

東アジア ▶▶ 本冊 37 ページ

解答

1 経済特区
2 一人っ子政策
3 韓国（かんこく）…B
　シンガポール…F
　ホンコン…D
　台湾（たいわん）…E〔順不同〕

解説

1

中国政府が**外国企業（きぎょう）の資本や技術を導入するために開放した地域を**「経済特区」といいます。企業は現地の土地や労働力を安く利用できるだけでなく，関税を免除（めんじょ）されるなどの優遇措置（ゆうぐうそち）があたえられました。

2

人口増加をおさえるために，中国で1979年から実施（じっし）された政策です。**夫婦1組あたりの子供の数を1人に制限**しました。労働力人口の減少が問題となり，2015年には廃止（はいし）されました。

3

シンガポールはもともとイギリスの植民地でしたが，1965年に独立しました。人口の4分の3は中国系で，ほかにもマレー系，インド系などさまざまな人種が集まる多民族国家となっています。

「ホンコン」と「台湾」がこんがらがっちゃうことが，よくあるよね。大陸により近いのがホンコンで，離れた島になっているのが台湾だと覚えておいてね！

9　バナナは世界のどこで つくられている？

東南アジア　　　　　　　　　▶▶本冊 39 ページ

解答

1 (1) ASEAN（東南アジア諸国連合）
　(2) A　ベトナム
　　　 B　マレーシア
　　　 C　シンガポール
　　　 D　インドネシア
2 米
3 工業団地

解説

1
(1) ASEAN（東南アジア諸国連合）は，**東南アジアの政治・経済・文化・安全保障などに関する協力組織**です。10 か国が加盟していて，本部はジャカルタにあります。
(2) A ベトナムはインドシナ半島の東部に位置する国です。
　 B マレーシアはマレー半島の南部とカリマンタン島の北部からなる国です。
　 C シンガポールはマレー半島の南端に位置するシンガポール島とたくさんの島々からなります。
　 D インドネシアは，ジャワ島・スマトラ島・カリマンタン島南部などの島々からなる国です。

2
　プランテーションでは輸出を目的とする農作物が栽培されますが，米は現地の人々が消費するために栽培されています。

東南アジアの国々の場所は間違えやすいから，しっかり覚えておこう！ 島国なのがインドネシアで，大陸にあるのがベトナムとタイとマレーシアだよ。

10　車で移動できるのは 西アジアのおかげ？

西アジア・南アジア・中央アジア　▶▶本冊 41 ページ

解答

1 A　イラク
　 B　サウジアラビア
　 C　インド
　 D　バングラデシュ
2 ①　ICT（情報通信技術）
　 ②　石油
3 ア

解説

1
(1) A イラクは西アジアに位置する国で，1991 年の湾岸戦争で西側諸国と対立しました。
　 B サウジアラビアは，世界第 1 位の石油の輸出国です。
　 C インドは，南アジアに位置し，中国と並ぶ人口の多い国です。
　 D バングラデシュは，インドと同じ南アジアに位置し，縫製業がさかんで衣類の輸出がふえています。

2
　インドで ICT（情報通信技術）産業が発達した理由として，**数学の教育水準が高いことと，英語を話せる低賃金の労働者が多いこと**などが挙げられます。西アジアでは，**ペルシャ湾岸を中心に石油の生産量が多く**，世界の各国に輸出されています。

3
　日本の石油生産量はわずかで，需要の大部分を海外にたよっています。輸入先はとくに中東にかたよっており，91.9％（2021 年時点）をしめています。

西アジアは砂漠が多い地域で，とくにペルシャ湾岸は石油がいっぱい産出する地域なので覚えておこうね！

11 イギリスは北海道よりも あたたかい？

ヨーロッパ州 ▶▶ 本冊 43 ページ

解答

1 A イギリス
   B フランス
   C ドイツ
   D イタリア
2 ① 北大西洋海流
   ② 偏西風（へんせいふう）
3 ① 地中海式農業
   ② 酪農（らくのう）
   ③ 混合農業

解説

2

　北大西洋海流は，ユーラシア大陸の西の大西洋を北上する暖流です。その上空を，西から東に向かって吹く偏西風（ふ）の影響（えいきょう）を受けて，**ヨーロッパの大西洋岸では，高緯度帯でも比較的温暖（ひかくてき）な気候**になります。

3

① 地中海式農業は，アルプス山脈より南側の地域で行われる農業です。
② 酪農は，バターやチーズなどの乳製品を生産する農業で，北海沿岸の地域などで行われています。
③ 混合農業は，**食料や家畜（かちく）のえさになる作物の栽培（さいばい）と，豚（ぶた）や牛などの家畜の飼育を組み合わせた農業**です。アルプス山脈よりも北側の地域で見られます。

ヨーロッパ地域では，農業をしっかりと覚えておこう！高緯度の寒い地域では酪農が多く見られ，低緯度のあたたかい地域では地中海式農業が見られるよ。その間の地域では混合農業と覚えておこう！

12 チョコはどんなふうに つくられている？

アフリカ州 ▶▶ 本冊 45 ページ

解答

1 (1) A マリ
     B ガーナ
     C エジプト
   (2) サハラ砂漠（さばく）
2 (1) モノカルチャー経済
   (2) エ

解説

1

(1) A マリは，アフリカ大陸西岸にあり，砂漠化が問題となっています。
   B ガーナは，ギニア湾（わん）に面した国で，コートジボワールについでカカオ豆の輸出量が多いことで知られています。
   C エジプトは，地中海に面したアフリカ北部の国で，国内を**世界最長のナイル川**が流れています。
(2) アフリカ北部に広がるサハラ砂漠は，**世界最大の砂漠**です。人々は，乾燥（かんそう）に強いラクダを利用して，砂漠の北と南を行き来しています。

2

(1) グラフ中の，ナイジェリアの石油，ボツワナのダイヤモンド，ザンビアの銅などの鉱産資源や，カカオ豆などの農作物といった**特定の産物の輸出にたよった経済をモノカルチャー経済**といいます。
(2) モノカルチャー経済の国では，特定の農作物や鉱産資源はほとんど輸出されるため，自国ではあまり消費されません。

モノカルチャー経済の輸出品となる，カカオ豆などの農作物，ダイヤモンド，銅などの鉱産資源は，とても重要だよ。国別に整理してしっかり覚えておこう！

13 アメリカンドリームって何？

北アメリカ州　　　　　　　　▶▶ 本冊 47 ページ

【解答】

1 ① b　　② a　　③ c

2 あ とうもろこし

　 い 大豆

　 う 砂糖

　 え コーヒー豆

3 ヒスパニック

【解説】

1

①ヒューストンは，北緯 37 度線以南のサンベルトに位置しており，**サンベルトの工業地帯では，航空宇宙産業が発達**しています。

②サンフランシスコの近郊にある**シリコンバレーには，ICT（情報通信技術）産業が集中**しています。

③ニューヨークはアメリカ最大の人口があります。**世界経済の中心であるウォール街があり，**国際連合の本部が置かれています。

2

アメリカでは適地適作によって環境に合わせた農業が行われています。とうもろこしや大豆は，おもに五大湖の南側の地域でつくられています。

3

メキシコなどの，中央アメリカ，カリブ海諸国などから移住してきた**スペイン語を話す人々を，ヒスパニック**とよびます。国境を接するアメリカ南部の州で多く見られます。

アメリカの先端技術産業は，北緯 37 度より南のヒューストン，ダラス，サンフランシスコなどの都市があるサンベルトに集中しているよ。温暖で土地が安く，鉱産資源や労働力が豊富なのが，発展した理由だよ。

14 日本の裏側・ブラジルの歴史を知りたい！

南アメリカ州　　　　　　　　▶▶ 本冊 49 ページ

【解答】

1 (1) A コーヒー豆

　　　 B 大豆

　 (2) 鉄鉱石

2 スペイン語

3 ポルトガル語

4 ① メスチソ（メスチーソ）

　 ② 日系人

【解説】

1

(1) A ブラジルは，かつてコーヒー豆のモノカルチャー経済だったことから，A にはコーヒー豆が入ります。

　 B ブラジルは，アマゾン川流域の熱帯林を切り開いたあと地に，大豆やさとうきびの畑をつくっています。

(2) ブラジルでは，アマゾン川流域で鉄鉱石などの鉱産資源の開発が進んでいます。

2・3

南アメリカでは，16 世紀にスペインやポルトガルの勢力が，先住民をほろぼして植民地にしました。このとき，**スペインがブラジル以外のほとんどの国を支配し，ブラジルをポルトガルが支配**しました。そのため，ブラジルではポルトガル語が，そのほかの地域ではスペイン語が使用されています。

近年，ブラジルではさとうきびの生産量がふえているんだけど，これは，再生可能エネルギーの原料として利用されるためだよ。

15 オーストラリアは日本人に
人気の移住先？

オセアニア州 　　　　　　　　▶▶ 本冊 51 ページ

解 答

1 (1) **A** 熱帯
　　　B 乾燥帯
　　　C 温帯
　(2) グレートバリアリーフ
2 ① アボリジニ
　② 白豪主義
　③ 多文化

解 説

1

(1) オーストラリア大陸は，年降水量 500mm
　 未満の**B**の乾燥帯が，全体の 3 分の 2 をし
　 めています。また，赤道に近い**A**が熱帯，
　 降水量の多い**C**が温帯になります。

2

① **オーストラリアの先住民をアボリジニと**
　 います。イギリスによる植民地化にともな
　 って土地をうばわれ，辺境の内陸部に追わ
　 れたため，人口は激減しました。

② 白豪主義は，**ヨーロッパ系以外の移民を制**
　 限したオーストラリアの政策です。労働力
　 の不足や国際世論の批判により，1970 年代
　 に廃止されました。

③ さまざまな文化をもつ人々によって成り立
　 つオーストラリアでは，**互いの文化を尊重**
　 し合う多文化社会を築こうとしています。

南半球にあるオーストラリアでは，北に向
かうほど赤道に近づき，温暖になることに
気をつけよう！

---

16 福岡市は住みやすい
って本当？

九州地方 　　　　　　　　▶▶ 本冊 55 ページ

解 答

1 ① 阿蘇山
　② 霧島山
　③ 宮崎平野
　④ 有明海
2 (1) **X** 福岡県
　　　Y 鹿児島県
　(2) 筑紫平野
　(3) シラス台地
　(4) さつまいも

解 説

1

① 阿蘇山は，世界有数の巨大なカルデラをも
　 つ九州中央部の火山です。

② 霧島山は九州南部に位置する火山群で，近
　 年，そのうちの 1 つである新燃岳が噴火す
　 るなど，活発な火山活動が続いています。

③ 宮崎平野では**温暖な気候をいかした促成栽**
　 培がさかんです。

④ 有明海は日本最大の干潟で，日本有数の養
　 殖海苔の産地です。

2

(1) 米，野菜の割合の高い**X**は福岡県，畜産の
　 割合の高い**Y**は鹿児島県です。

(3)・(4) **火山の噴出物が積もってできた台地**を
　 シラス台地といいます。水を通しやすく稲
　 作には向かないため，畑作や畜産が行われ
　 ています。

九州地方では，火山が多い環境を利用し
た地熱発電がさかんなんだ。ほかにも，
全国の中でも源泉が多く，温泉地として
観光客にも人気だよ。

17 香川県のうどんが おいしいのはなぜ？

中国・四国地方　　　　　▶▶ 本冊 57 ページ

解 答

1 ① 中国山地
② 四国山地
③ 吉野川
④ 四万十川
⑤ 讃岐平野
2 (1) ア 愛媛県
イ 鳥取県
ウ 岡山県
(2) なす

解 説

1
① 中国山地は中国地方を東西に走る山地です。
⑤ 讃岐平野は瀬戸内海に面した平野です。**降水量が少ないため，生活用水や農業用水を得る目的で，ため池がつくられています。**

2
(1) ア 愛媛県では，日照時間が長く，降水量が少ない瀬戸内の気候を利用したかんきつ類の生産がさかんです。
イ 鳥取県では，すいかの交配時期にあたる5月の天候が良好で，すいかの生産に適しています。
ウ 岡山県では瀬戸内の気候をいかしたぶどうの生産がさかんです。
(2) 高知県では，高知平野の温暖な気候をいかした野菜の促成栽培がさかんで，なすやピーマンなどがつくられます。選択肢にはピーマンがないため，なすを選びます。

愛媛県のみかん，鳥取県のすいか，岡山県のぶどうなど，各県の主要な生産物の中でも，とくに有名なものは覚えておこう！

18 3県を通って通学する 中学生がいるの？

近畿地方　　　　　▶▶ 本冊 59 ページ

解 答

1 (1) ① 琵琶湖
② 淀川
(2) A 兵庫県
B 奈良県
C 京都府

解 説

1
(1) ① **琵琶湖は日本最大の湖**で，滋賀県の面積の約6分の1をしめています。
(2) 大阪の中心部は，土地の価格が高いため，それをさけて郊外に住み，そこから通勤・通学する人々が多く見られます。
A 兵庫県は，**鉄道会社(私鉄)を使った移動**がしやすく，また多くの住宅地も開発されています。
B 奈良県は，大阪との距離も近く，多くの人口が流入しています。
C 京都は，京都市にも大学や企業が多いため，奈良県や兵庫県よりも流入人口は少なくなっています。

大阪を中心に，神戸，京都，奈良などをふくめた，人やモノの移動がつながった地域を，大阪大都市圏というよ！

19 冬に日本海側で雪が多いのはなぜ？

中部地方 　　　　　　　　　　　▶▶ 本冊 61 ページ

解答

① ① 飛驒山脈
　② 木曽山脈
　③ 赤石山脈
　④ 越後山脈
　⑤ 越後平野
　⑥ 濃尾平野
② ②
③ (1) 高原野菜
　(2) 抑制栽培
④ ア

解説

②
　黒潮(日本海流)が流れる太平洋側では，**初夏から夏にかけて梅雨や台風の影響で降水量が増加**します。よって，②の雨温図が太平洋側の気候になります。①の雨温図は，冬に降水量が多いことから，**冬の季節風の影響によって降雪が多い日本海側の気候**になります。③の雨温図は，**1年を通して降水量が少なく，また気温も低い**ことから中央高地の気候です。

③
(1) 夏の涼しい気候を利用して，低地よりも出荷時期をおくらせてつくられる野菜を高原野菜といいます。

④
　北陸は，米の生産量が多い新潟県をはじめとして，稲作がさかんです。

雨温図の読み取りは，降水量に注目しよう！ 夏に降水量が多いのは太平洋側，冬に降水量が多いのは日本海側，1年を通して降水量が少ないのは中央高地と覚えるといいよ。

20 関東地方に人口が集中しているのはなぜ？

関東地方 　　　　　　　　　　　▶▶ 本冊 63 ページ

解答

① ① 関東平野
　② 利根川
　③ 荒川
② 関東ローム
③ ① 中枢　　② 金融
　③ 昼間　　④ 新宿
　⑤ ヒートアイランド

解説

①
② 関東平野を流れる利根川は，**流域面積が日本最大**の川です。

②
　箱根山や富士山などが噴火し，その**火山灰が堆積してできた赤土を関東ローム**といいます。粘土質で水はけが悪いため稲作には向かず，おもに畑作が行われています。

③
① 東京は，国会議事堂，最高裁判所のほか，多くの中央官庁が集まる日本の政治の中心です。
③ 東京の中心部で働く人々の多くは，千葉県，埼玉県，神奈川県などの隣県から通勤してくるため，東京都では**夜間人口よりも昼間人口が多く**なります。
④ 鉄道の発着駅のことをターミナル駅といいます。
⑤ 都心部の気温が周辺部よりも高くなる現象をヒートアイランド現象といいます。

政治や経済の重要な施設が集中する千代田区，中央区などの地区を「都心」，ターミナル駅を中心とする池袋や新宿などの地区を「副都心」というよ。

21 東北地方の果物が おいしいのはなぜ？

東北地方　　　　　　　　　　▶▶ 本冊 65 ページ

解答

1. ① 奥羽山脈
   ② 北上高地
   ③ 出羽山地
2. さくらんぼ
3. (1) 三陸海岸
   (2) (例) 暖流と寒流がぶつかる潮目
   があり, 多くの魚が集まるから。

解説

2

　山形県では, 山形盆地の昼と夜の気温差をいかした果樹栽培がさかんです。なかでも**さくらんぼの生産量は日本一**をほこり, 高速道路や空港などから全国に出荷されています。

3

(1) 三陸海岸には, 入り組んだリアス海岸が見られます。入り江は波が穏やかで, 養殖業がさかんです。

(2) 三陸海岸の沖合いは, ちょうど**暖流の黒潮 (日本海流) と寒流の親潮 (千島海流) がぶつかる潮目 (潮境)** にあたります。プランクトンが豊富なよい漁場となり, かつおやさんまなどたくさんの魚が集まります。

東北地方は, 豊富な水を利用した米づくりがさかんだよ。そのほか, 盆地ではさくらんぼやももなどの果樹栽培がさかんなのも覚えておこう！

22 北海道の大自然について もっと知りたい！

北海道地方　　　　　　　　　▶▶ 本冊 67 ページ

解答

1. ① 北見山地　② 石狩山地
   ③ 日高山脈　④ 十勝平野
   ⑤ 石狩平野
2. ① 石狩平野　② 根釧台地
   ③ 十勝平野
3. てんさい
4. ほたて

解説

2

① 石狩平野は北海道西部に位置する平野です。もともとは泥炭地で稲作に適しませんでしたが, 土地改良と稲の品種改良によって, 稲作がさかんになりました。

② 根釧台地は, 根室から釧路にかけて広がる台地です。**大規模な酪農地域**として知られています。

③ 十勝平野は, 北海道の南東部に広がる**日本有数の畑作地域**です。異なる作物を順番につくる輪作によって, 小麦, てんさい, じゃがいもなどを生産しています。

3

　てんさいは, さとうだいこんともよばれる砂糖の原料となる作物です。寒さに強く暑さに弱いため, 日本では北海道でつくられています。

4

　ほたての養殖は, 北海道のサロマ湖や青森県などで行われています。

石狩平野はもともと稲作には不向きな土地だったんだけど, 今は稲作がめちゃくちゃ行われている地域だよ。
これは, よその土地から稲作に適した土を持ってくる客土を行ったことで, うまくいったんだ！

23 人類はどんなふうに
出現したの？

旧石器時代・縄文時代　　　　▶▶ 本冊 71 ページ

解答

1 ウ
2 ① 脳
　 ② 手
3 火，ことば〔順不同〕
4 (直立)二足歩行
5 旧石器時代

解説

1
約 700 万年前にアフリカに現れた**最古の人
類は，猿人**とよばれています。

3
原人が現れたとき，地球は氷河時代でした。
厳しい環境の中で，暖を取り，食物を加工する
ために火を使うようになったと考えられます。

4
直立二足歩行に移行したことで，手を自由に
使えるようになり，知能が発達しました。

5
旧石器時代は約 1 万年前までの**打製石器を使
用していた時代**です。

> 2 本足で立つことができるようになったた
> めに，人間は手が自由になって，道具や
> 火を使うことができるようになった。
> そして，その道具や火の使い方をことば
> で説明するようになり，脳が発達するよう
> になったというわけだね。

24 文明がうまれた場所の
共通点は何？

縄文時代・弥生時代　　　　▶▶ 本冊 73 ページ

解答

1 ア エジプト文明
　 イ メソポタミア文明
　 ウ 中国文明
　 エ インダス文明
2 ア ナイル川
　 イ チグリス川，
　　 ユーフラテス川〔順不同〕
　 ウ 黄河，長江〔順不同〕
　 エ インダス川
3 イ，ウ〔順不同〕

解説

1
ア エジプト文明は，紀元前 3000 年ごろ，**ナ
イル川の下流域**で発達しました。

イ メソポタミア文明は，紀元前 3000 年ごろ，
**チグリス川とユーフラテス川にはさまれた
地域**に成立しました。

ウ 中国文明は，**黄河の中・下流域や長江の下
流域**で，約 1 万年ほど前にうまれました。

エ インダス文明は，紀元前 2500 年ごろ，**イ
ンダス川の流域**に成立しました。

3
メソポタミア文明では，くさび形文字が使わ
れ，また月の満ち欠けにもとづいて太陰暦が発
明されました。そのほかにも，時間をはかるた
めの 60 進法や，1 週間を 7 日としたのもこの
文明です。

> メソポタミア文明で太陰暦がうまれたの
> に対し，エジプト文明では太陽暦がうま
> れたよ。太陽暦は太陽を基準にしたカレ
> ンダーで，1 年を 365 日として 12 か月に
> わけたんだ。

25 卑弥呼の邪馬台国って
どんな国？

弥生時代　　　　　▶▶本冊 **75** ページ

解答

① (1) 100
(2) 魏
(3) 楽浪郡
(4) 親魏倭王
③ (1) 福岡県
(2) 漢委奴国王

解説

①

(1)「漢書」地理志によると,「楽浪郡の海のかなたに倭人がいて, 100あまりの国にわかれている」と記されています。

(2) 3世紀に漢が滅亡すると, 中国は**魏・呉・蜀が争う三国時代**となりました。3国のうちの魏は洛陽を都とし, 華北を領有しました。

(3) 当時, 楽浪郡を通じて, 中国の皇帝に使いを送っていました。

②

(1) 1世紀半ばに, 奴国の王が授けられた金印は, 江戸時代に志賀島(福岡県)で発見されました。

紀元前1世紀ごろの倭には, 100をこえる国があったんだね。
そして楽浪郡は, 現在の朝鮮半島・平壌のあたりで, 漢の武帝が直轄地とした4つの郡のうちの1つだよ。

26 天皇中心の政治は
いつ始まったの？

古墳時代・飛鳥時代　　　▶▶本冊 **77** ページ

解答

① (1) 隋
(2) 冠位十二階
(3) エ
(4) イ
(5) 小野

解説

①

(1) 589年, 隋は南北にわかれていた中国を統一しました。

(2)・(3) 603年に制定された冠位十二階の制度は, 冠の色によって地位を表しました。**家柄にとらわれず, 才能や功績のある人を登用するために**つくられました。

(4) 十七条の憲法は, 天皇の命令に従うことを求める内容など, 役人の心がまえを示しています。

(5) 聖徳太子(厩戸皇子)は, 607年に小野妹子らを遣隋使として派遣しました。**隋の進んだ制度や文化を取り入れること**が目的でした。

この時期, 朝鮮半島から仏教が伝わってきたんだ。聖徳太子や蘇我氏が仏教を重んじたこともあって, 豪族に受け入れられていったよ。

27 古代日本ではクーデターが起こった!?

飛鳥時代 ▶▶ 本冊 79 ページ

解答

1 (1) 中臣鎌足(藤原鎌足)
(2) ① エ
　　② ウ
(3) 壬申の乱
(4) 天武天皇
2 (例)土地と人民を国家が直接支配する原則。

解説

1
(2) 日本は，イの百済の復興を助けるために出兵しましたが，白村江の戦いで唐と新羅の連合軍に敗れました。アは高句麗です。
(3) 天智天皇が亡くなると，あとつぎをめぐって壬申の乱が起こりました。
(4) 壬申の乱に勝利した天武天皇は，唐にならった律令の制定を命じて，天皇を中心とする国づくりを目指しました。

2
公地・公民は，それまで豪族が支配していた土地と人民を，国家が直接支配する方針のことです。

律令制は「基本的に土地は全部国家のもので，その土地を人民に貸しているんだよ」という原則だったと覚えておこう！だから，人民も土地も，国家が管理する時代になったわけだね。

28 律令制ってどんなものか知りたい！

奈良時代 ▶▶ 本冊 81 ページ

解答

1 (1) 平城京
(2) 奈良時代
(3) 庸
2 ① 兵役
② 防人
3 国司

解説

1
(1) 平城京は，奈良盆地の北部につくられた都です。唐の都である長安にならって，土地は碁盤の目のように区画されていました。
(3) 庸は，10 日間の労役をする代わりに布を納める税です。

2
兵役は，食料や武器を自分でまかなわなければならなかったことが，人民にとって大きな負担でした。1 年間の都の警備をつとめる衛士と，3 年間の九州北部の防衛をつとめる防人があります。

3
中央から国府に派遣された役人は，国司とよばれました。地方豪族がなった郡司や里長の監督がおもな業務でした。

律令制は，唐の考え方を日本が真似してつくられたものだよ。遣唐使たちが唐から学んで，できたわけだね。

29 藤原氏はどうやって
権力をにぎったの？

平安時代①　　　　　　　　　▶▶本冊83ページ

解答

1 イ
2 (1) 摂関政治
(2) 藤原道長
(3) 藤原頼通

解説

1

　奈良時代の後半は，貴族や僧の間で勢力争いが起こり，政治が混乱する時期が続きました。桓武天皇は，混乱した政治を立て直すため，役所の整理や，国司の監督の強化などを行いました。

2

(1) **摂政は幼い天皇に代わって政治を行う役職，関白は成人した天皇の後見役として天皇を補佐する役職**です。こうした摂政と関白を中心とした政治を摂関政治といいます。

794年に都を長岡京から平安京に移したのが，桓武天皇だよ。ここからの約400年間を平安時代というよ。
また，桓武天皇の時代に蝦夷を攻めて，東北地方まで支配を広げたことを覚えておこう！

30 律令制はなぜうまく
いかなくなったの？

平安時代②　　　　　　　　　▶▶本冊85ページ

解答

1 (1) ① 三世一身法
② 墾田永年私財法
③ 租
④ 荘園
⑤ 公地・公民
(2) (例) 開墾した土地はいつまでも私有地にすることができる。
(3) 班田収授法
2 武士

解説

1

(1) ① 三世一身法は，口分田が不足したことで出されました。人々が新たに開墾した土地のうち，とくに新しく用水路をつくった場合には，3代にわたって私有が認められました。

④ 現地の農民を使って開墾を行ったり，土地を買い取ったりして，**貴族や寺院などが獲得した私有地を荘園**といいます。

(3) 班田収授法は，6歳以上の人々に口分田をあたえ，その人が死ぬと国に返すことを定めた法律です。

2

　武士はもともとは都の武官や，地方の豪族といった人々で，戦うことを専業としていました。

班田収授法がうまく行かなくて，三世一身法に代えてみたけど，これもうまく行かなくて，最終的に墾田永年私財法をつくった，と覚えておこう！

31　源氏や平氏ってどこから出てきたの？

平安時代③　　　　　　　　　▶▶本冊 89 ページ

解答

1 (1) 藤原純友
　(2) 白河上皇
　(3) 平治の乱
　(4) ア
　(5) 太政大臣

解説

1
(1) 藤原純友は，10世紀の中ごろに，瀬戸内地方の海賊を率いて反乱を起こしました。

(2) 白河天皇は，天皇の位を幼少の自分の子にゆずって上皇となり，その後も政治を動かし続けました。このように**上皇が中心となって行う政治を院政**といいます。

(3)・(4) 平治の乱は，保元の乱に続く内乱です。後白河上皇の政権内の勢力争いから，源義朝が兵を挙げましたが，平清盛によってたおされました。

(5) 平治の乱に勝利した平清盛は，**武士として初めて太政大臣**となり，朝廷の実力者となりました。清盛の一族も，高い地位を得て，多くの荘園や公領を支配しました。

平清盛は，瀬戸内海の航路や大輪田泊（兵庫県にあった港）を整備して，日宋貿易を行ったよ。実は，これが清盛にとっての重要な経済基盤となったんだ。

32　源頼朝はなぜ幕府を開くことができたの？

鎌倉時代①　　　　　　　　　▶▶本冊 91 ページ

解答

1 (1) ① 将軍
　　　② 御家人
　　　③ 御恩
　　　④ 奉公
　(2) 征夷大将軍
　(3) 北条時政
　(4) 六波羅探題

解説

1
(1) ② 将軍に忠誠を誓った武士は，御家人とよばれました。

③・④ 将軍は，御家人に対して新しい土地をあたえたり，以前から所有していた土地を保護したりしました（御恩）。それに対し，御家人は京都や鎌倉の警備などの義務を負いました（奉公）。

(2) 征夷大将軍は，もともとは蝦夷を征服するための総司令官を意味しましたが，源頼朝がこの地位について以降，**武家の棟梁を意味する**ようになりました。

(3) 北条時政は，源頼朝の妻，政子の父親にあたります。**頼朝の死後，執権として幕府の実権をにぎり**ました。

(4) 六波羅探題は，承久の乱以降，**朝廷の動きを監視する目的**で京都に置かれました。

将軍に対して御家人は「御恩」があって，その「御恩」にむくいるために「奉公」をして仕えていたと覚えておこう！

33 モンゴル帝国 VS 日本, どっちが勝った？

鎌倉時代② ▸▸ 本冊 93 ページ

解答

1 (1) チンギス・ハン
(2) フビライ・ハン
(3) ア
(4) イ
(5) ウ, ア〔順不同〕
(6) (例) 御家人の借金を取り消し, 手放した土地を取り返させる法律。〔28字〕

解説

1
(1) チンギス・ハンは, 13世紀初めにモンゴル高原の遊牧民を統一して, モンゴル帝国を建国しました。
(2) フビライ・ハンは, モンゴル帝国の第5代皇帝です。フビライは, モンゴルから中国にかけての地域に**中国風の元という国名**をつけ, 宋を滅ぼしました。
(4) 北条時宗は鎌倉幕府の8代執権です。モンゴル帝国に従うように送られてきたフビライの使者を断り, **2度にわたる元寇を退けました**。
(5) 1274年の元軍の侵攻を文永の役, 2度目の1281年の侵攻を弘安の役といいます。

(6)の徳政令は, 元寇が防衛の戦いで, 新しい土地を手に入れたりすることができなかったので, 将軍がご褒美である御恩を出すことができなかった。そのため, 「じゃあ戦乱でかかった借金はチャラにしようね！」となって出されたものだよ！

34 足利尊氏はどうやって幕府を開いたの？

室町時代 ▸▸ 本冊 95 ページ

解答

1 イ
2 ① 後醍醐
② 建武の新政
3 吉野
4 守護大名

解説

1
(1) 楠木正成は, 後醍醐天皇に仕えた家臣で, 足利尊氏や新田義貞らとともに鎌倉幕府をたおすことに貢献しました。

2
①・② 後醍醐天皇は鎌倉幕府をたおしたあと, **天皇中心の政治**を始めました。この政治を「建武の新政」といいます。貴族を重視する政策をとったことから武士の不満が高まり, 建武の新政は約2年半で終わりました。

3
京都を追われた後醍醐天皇は, **吉野(奈良県)に逃れて, みずからの正統性を主張**しました。

守護大名のことを「戦国大名」と答えた人もいるかもしれないけど, この時代は「守護大名」と答えよう！
戦国大名の中には, 下剋上で成り上がった守護大名出身じゃない人もふくまれるから, この2つはわけて覚えてね。

35 戦国大名はどんなふうに登場したの？

戦国時代　　　　　　　　　▶▶ 本冊 97 ページ

解答

1 A 明
B 朝鮮国
2 勘合
3 ① 足利義政
② 細川
③ 応仁の乱
④ 戦国大名

解説

1
A 室町時代に，**中国の明との貿易を始めたのは 3 代将軍の足利義満**です。
B 14 世紀末に李成桂がたてた朝鮮国は，日本とも国交を結び，民間の貿易が行われました。

2
勘合は，明からあたえられた証明書で，文字の左半分がある書類を日本が持ち，明が持つ右半分と合えば，正式な貿易船と認められました。

3
② 足利義政のあとつぎとして，**細川氏は足利義視**をおしていました。これに対し，**山名氏は足利義尚**を支持し，両氏は対立しました。
④ 戦国大名は，幕府から離れて独自に国を統一して支配しました。戦国大名の出身は，守護大名だった者や，家来から成り上がって大名となった者など，さまざまでした。

勘合は 2 つにわけられて，片方をお互いが持つことで，これを持っていない相手が来たら一発で「ニセモノだ！」とわかるというしくみだったよ。頭いいね。この当時出ていた海賊たちである倭寇をおさえる役割があったわけだね。

36 信長はどうやって天下統一を目指したの？

安土桃山時代　　　　　　　▶▶ 本冊 99 ページ

解答

1 A…イ　B…ア　C…イ
D…イ　E…ア
2 (1) 種子島
(2) 鉄砲
(3) ポルトガル
3 ① 城下
② 分国
③ 戦国

解説

1
A 豊臣秀吉は，百姓や寺社から刀・弓・鉄砲などを取り上げる刀狩を行いました。
B 市での税を免除し，座を廃止する織田信長の政策は，楽市・楽座とよばれます。
C 秀吉は，太閤検地を行い，**全国の田畑の石高を調査**しました。
D 秀吉は，明の征服を計画し，朝鮮へ大軍を派遣しました。
E 信長は，1573 年に足利義昭を京都から追放し，幕府を滅ぼしました。

2
(1) 1543 年，ポルトガル人を乗せた船が種子島に流れ着いたことで，**日本に鉄砲が伝えられました**。

3
② 分国法の例として，朝倉氏の「朝倉孝景条々」や武田氏の「甲州法度之次第」などがあります。

「刀狩」，「楽市・楽座」，「太閤検地」，「朝鮮侵略」などのように，歴史用語もしっかりと覚えよう！

37 日本は世界有数の平和な国だった!?

江戸時代前期　　▶▶ 本冊 101 ページ

解答

1. a 関ヶ原　b 石田三成
c 征夷大将軍　d 大阪(夏)の陣
e 武家諸法度
f 禁中並公家(中)諸法度

2. ① 武士　② 百姓　③ 町人
④ 本百姓　⑤ 水呑百姓
⑥ 五人組

3. ① 松前(藩)　② 対馬(藩)
③ 長崎　④ 薩摩(藩)

解説

1

a 1600年の関ヶ原の戦いは, **徳川家康を中心とする東軍**と, **石田三成を中心とする西軍**が戦いました。東軍が勝利し, 徳川家康が全国支配を強めました。

d 1615年の大阪(夏)の陣で, 徳川家康は豊臣氏を滅ぼしました。

2

⑤ 水呑百姓は, 農地をもたない百姓のことです。

⑥ 五人組は, 農民どうしをお互いに監視させて, 犯罪の防止や, 年貢の納入に連帯責任を負わせようとするしくみです。

3

鎖国中も, 江戸幕府は**長崎・対馬藩・薩摩藩・松前藩**の4か所を窓口として, 海外との外交や貿易を行いました。

徳川家康と石田三成の戦いは1600年に発生した。ぴったりな年号で,「天下をわける戦い」が起こっていたので, ぜひこの年号は覚えておこう!
この戦いの前から仕えていた人たちを親藩・譜代大名とよび, この戦いの後に徳川についた大名を外様大名とよぶよ! この戦いがまさに,「わけ目」だったわけだね。

38 歌舞伎や浮世絵がさかんだったのはなぜ?

江戸時代後期　　▶▶ 本冊 103 ページ

解答

1. ① 上方
② 町人
③ 井原西鶴
④ 浮世草子
⑤ 歌舞伎
⑥ 人形浄瑠璃

2. 尾形光琳—装飾画
菱川師宣—浮世絵
近松門左衛門—人形浄瑠璃
松尾芭蕉—俳諧

3. (例)肉筆画は1枚ずつ描かなければならないが, 木版画は大量に刷ることができたから。

解説

1

① 江戸時代に, **京都と大阪を合わせて「上方」**とよびました。

2

尾形光琳は, 装飾画の分野で活躍した江戸時代前期の絵師です。

菱川師宣は, 浮世絵で町人の風俗を描いた浮世絵師です。

近松門左衛門は, 人形浄瑠璃や歌舞伎で, 義理と人情で板ばさみになる人々を描きました。

松尾芭蕉は,「奥の細道」で俳諧が広まるきっかけをつくり, 俳諧の芸術性を高めました。

元禄文化で覚えておきたいのは, 人形浄瑠璃の近松門左衛門, 浮世草子の井原西鶴, 俳諧の松尾芭蕉の3人だよ。
「玄関に近い松」と覚えよう!「玄(=元禄)」,「近(=近松門左衛門)」,「い(=井原西鶴)」,「松(=松尾芭蕉)」をまとめたものだよ。

39 ロシアやアメリカは日本へ何しに来たの？

幕末　　　　　　　　　　　　　　▶▶ 本冊 107 ページ

解答

1 (1) ① 異国船打払
　　② 日米和親
　　③ 日米修好通商
　(2) ① ラクスマン
　　② 長崎
　(3) イギリス
2 ① 函館
　② 下田

解説

1
(1) ① 1825 年，江戸幕府は日本に接近する外国船の撃退を命じました。その結果，通商を求めて近づいたアメリカ商船を砲撃する事件が起こりました。
　② 日本とアメリカの間で，**函館・下田の開港，アメリカ船への燃料・食料・水の供給**などが定められました。この条約を日米和親条約といいます。
　③ 1858 年に結んだ日米修好通商条約では，**函館・神奈川・長崎・新潟・兵庫の 5 港の開港**などが定められました。一方で，**アメリカに領事裁判権を認め，日本に関税自主権がない**など，不平等な内容になりました。
(2) 1792 年に根室に来航したラクスマンは，幕府から長崎に行く許可を得ました。
(3) イギリスと清(中国)によるアヘン戦争は，イギリスの圧勝に終わりました。

　鎖国の時期にも，ロシアのラクスマン(1792 年)，ロシアのレザノフ(1804 年)，イギリスの軍艦フェートン号(1808 年)，アメリカの商船モリソン号(1837 年)など，何度も外国船が訪れているよ。

40 なぜ富国強兵政策が行われたの？

明治時代①　　　　　　　　　　　▶▶ 本冊 109 ページ

解答

1 (1) 五箇条の御誓文
　(2) 五榜の掲示
　(3) 版籍奉還
2 官営模範工場

解説

1
(1) **明治政府が示した新しい政治の方針**を，五箇条の御誓文といいます。天皇が神に誓うという形で出されました。
(2) 明治政府が出した 5 つの高札のこと。江戸時代に出されたものと同じ内容でしたが，キリスト教を禁止した 3 番目の高札は，のちに外交問題に発展して撤去されました。

2
　群馬県の富岡製糸場のように，**近代産業を育てるため政府によって経営された工場**を，官営模範工場といいます。

　明治政府は，教育にも力を入れたよ。「国を強くするためには国民への教育が大切だ！」と，1872 年に学制を公布し，小学校から大学校までの学校制度を定めた。だから，満 6 歳になった男女を小学校に通わせることが義務づけられたんだ。
　とはいえ，農村部では「子供は農作業に使うんだから無理だ！ 学校なんてお金もかかるし！」と当時は不評だったよ。

41 なぜ日清戦争と日露戦争に勝てたの？

明治時代② ▶▶ 本冊 111 ページ

解答

1 ① 陸奥宗光　② 小村寿太郎
2 Ａ 日本　　Ｂ 清　　Ｃ ロシア
3 三国干渉
4 (1) ポーツマス条約
　(2) 日比谷焼き打ち事件

解説

1

① 陸奥宗光外務大臣は，イギリスと日英通商航海条約を結び，領事裁判権の撤廃に成功しました。

② 小村寿太郎外務大臣は，**1911 年に関税自主権の完全な回復**に成功しました。

2

和装にちょんまげ姿のＡが日本，満州服に眼鏡をかけたＢが清，軍服にキセルをくわえたＣがロシアを表しています。

3

三国干渉は，中国東北部への進出をもくろむロシアが，ドイツ・フランスをさそって日本に要求したものです。

4

(1) ポーツマス条約は，アメリカ大統領の仲介で結ばれました。

日清戦争での勝利に「待った！」をかけてきたロシアと，今度は日露戦争で戦うことになった。日本が優勢な状態で戦争を終わらせられたので，日本に有利な条件が引き出せたんだけど，ロシアが「負けたわけじゃないし！賠償金なんて払わないぞ！」と主張し，小村寿太郎がそれにOKしてしまった。
それに対して「なんて弱気な外交なんだ！」と国民が怒って，日比谷で暴動が発生したよ。この流れを覚えておこう！

42 民衆が立ち上がった大正デモクラシー！

大正時代 ▶▶ 本冊 113 ページ

解答

1 (1) 原敬
　(2) 平塚らいてう
2 ① 民本
　② 普通選挙
　③ 25
　④ 美濃部達吉
　⑤ 天皇
3 (1) 治安維持法
　(2) (例) 共産主義運動がさかんになることを防ぐため。

解説

1

(1) 原敬は立憲政友会から首相となり，**日本で初めての本格的な政党内閣**を組織しました。平民の出身だったことから「平民宰相」ともよばれました。

(2) 平塚らいてうは，1920 年には新婦人協会を設立して，**女性の政治参加**を求めました。

2

① 民本主義は，**政治は一般民衆の意向(民意)に沿って政策を決定するべき**，とする考え方です。

④ 美濃部達吉は，**天皇は国家の最高機関として憲法に従って統治する**という天皇機関説を主張しました。

1925 年には普通選挙法と治安維持法という2つの重要な法案が制定されているよ。選挙権の範囲が拡大する一方で，共産主義運動を取り締まろうとしたんだ。

43 アメリカ発の世界恐慌で日本もピンチに？

昭和時代前期① ▶▶ 本冊 115 ページ

解答

1 ① ウ
　② イ
2 ① イ
　② ア
3 ソ連

解説

1

① アメリカは，フランクリン・ローズベルト大統領のもと，ニューディール(新規巻き直し)とよばれる政策を行いました。

② イギリスは，植民地との関係を密接にして，関係の深い地域の中だけで経済を回す，ブロック経済を行いました。

2

① イタリアの指導者ムッソリーニは，政権をにぎると一党独裁体制を築きました。

② ドイツのナチ党のヒトラーは，選挙で政権をにぎると，ユダヤ人の迫害や軍備の強化を始めました。

3

ソ連は，五か年計画とよばれる独自の経済政策をとっていたので，恐慌の影響を受けませんでした。

ブロック経済は，「ほかの国と貿易したら，世界恐慌の影響を受けてしまう！だったらほかの国と貿易せず，自分たちの経済を自国と植民地だけでブロックすることで，世界恐慌を乗り切ろう！」というものだった。
次のようなブロック経済があったよ。
・アメリカ…ドル＝ブロック
・フランス…フラン＝ブロック
・イギリス…スターリング(ポンド)＝ブロック

44 第二次世界大戦ってどんな戦争だったの？

昭和時代前期② ▶▶ 本冊 117 ページ

解答

1 ① 日独伊　② 日ソ　③ 真珠湾
2 エ→イ→ア→ウ
3 ① 集団疎開　② 勤労動員
　③ 学徒出陣

解説

1

① 日独伊三国同盟は，日本・ドイツ・イタリアの間で結ばれた軍事同盟です。

3

① 空襲をさけるため，都市の小学生が集団で農村などへ移住したことを，集団疎開といいます。

② 太平洋戦争中，労働力が不足したため，学生や未婚の女性が動員され，軍需工場などで働かされました。

③ 徴兵を猶予されていた文科系の大学生などが軍隊に召集されたことを，学徒出陣といいます。

太平洋戦争のできごとの順番は，
①ＡＢＣＤ包囲陣による経済封鎖で経済的にブロックされ，うまく行かなくなってしまった。
　↓
②ハワイの真珠湾で日本軍がアメリカ軍に攻撃したことなどから開戦。
　↓
③ミッドウェー海戦の敗戦以降，負けが続いた。
　↓
④連合国軍による沖縄上陸のように，日本に近いところまで攻め込まれるようになった。
という流れをおさえておこう！

45 吉田茂は戦後最強の首相だった!?

昭和時代後期① ▶▶本冊 119 ページ

解答

1 GHQ

2 (1) 国民主権，平和主義，
   基本的人権の尊重〔順不同〕

  (2) 第9条

3 ① 警察予備隊
  ② 保安隊
  ③ 自衛隊

解説

1

戦後，日本は GHQ（連合国軍最高司令官総司令部）によって統治されました。**日本政府が GHQ の指令に従って政策を実施する間接統治**の形がとられ，戦後改革が進められました。

2

(2) 日本国憲法の第9条は，戦力と交戦権をもたないなど，日本の平和主義を定めています。

3

③ 自衛隊は，日本の安全を守るための組織として，警察予備隊が強化されて 1954 年に創設されました。陸上・海上・航空の3隊からなります。

マッカーサーを最高司令官とする組織は GHQ だね。この正式名称は，「General Headquarters of the Supreme Commander for the Allied Powers（連合国軍最高司令官総司令部）」なんだけど，吉田茂は「Go Home Quickly（さっさと帰れ）」と皮肉っていたと言われているよ。こっちのほうが覚えやすいね。

46 アメリカとソ連はなぜケンカになったの？

昭和時代後期② ▶▶本冊 121 ページ

解答

1 ① 安全保障
  ② ソ連
  ③ 拒否権

2 中華人民共和国，
  朝鮮民主主義人民共和国〔順不同〕

3 北緯 38 度

4 朝鮮戦争

解説

1

① 国際連合（国連）は，**世界の平和と安全を維持するための機関**で，現在 193 か国が加盟しています（2023 年3月時点）。

2

冷戦中，**アメリカを中心とする資本主義陣営**は，**ソ連を中心とする社会主義陣営**と対立していました。

3

戦後，朝鮮半島は北緯 38 度でアメリカとソ連により南北に分割されました。北部には朝鮮民主主義人民共和国（北朝鮮）が，南部には大韓民国（韓国）が成立しました。

4

朝鮮戦争が始まると，アメリカ軍が戦争に必要とする物資を日本が生産したため，朝鮮特需が起こり，戦後日本は経済の復興が進みました。

実は，朝鮮戦争は「休戦」しただけで，終戦はしていないんだ。今でも北緯 38 度あたりで国境が引かれていて，国境には両軍が武装して配置されているよ。

47 グローバル化って私たちに関係あること？

グローバル化 ▶▶本冊 125 ページ

解答

1 ① モノ
② 国境
③ 一体化
④ 国際競争
⑤ 国際分業
2 (1) Ⓐ 情報通信技術
Ⓑ 人工知能
(2) ① 情報
② ネットショッピング
（インターネット・ショッピング）

解説

1
④ 経済がグローバル化することで，国際市場において，国家間や企業間の競争が起こることを国際競争といいます。

2
(1) Ⓐ ICTは「Information and Communication Technology」の略語です。
Ⓑ AI は「Artificial Intelligence」の略語です。
(2) ① インターネットの普及などにより，**情報が経済活動や社会において大きな役割を果たしている社会**を情報社会といいます。
② インターネットを利用して，店に行かずに買い物することをネットショッピングといいます。

日本の貿易の輸出額第1位は機械類，第2位は自動車。
日本の貿易の輸入額第1位は機械類，第2位は石油。
機械類が両方に入っているけれど，海外の製品を買うことも，海外に日本の製品を売ることもあると理解しておこう！

48 少子高齢化って具体的には何が問題なの？

少子高齢化 ▶▶本冊 127 ページ

解答

1 （例）高齢者1人を支える現役世代の数が少なく，現役世代1人あたりの負担が重くなってきている点。
2 ① 2022
② 1905
③ 1960

解説

1
　図は，国民の年金負担について示したもので，高齢者1人分の年金を，何人の現役世代で支えるかを表しています。**少子高齢化が進むことで，現役世代の負担がしだいに重くなっていくこと**が読み取れます。

2
　人口ピラミッドは，その地域や国の人口の割合を年齢別・男女別に表したグラフで，おもなものには次の3つの型があります。

人口ピラミッドの特徴を覚えよう！

	特徴
富士山型	・14歳以下の人口の割合が高く，65歳以上の人口の割合が低い。 ・発展途上国に多い。
つりがね型	・14歳以下の人口の割合が低い。 ・65歳以上の人口の割合は，つぼ型より低い。
つぼ型	・14歳以下の人口の割合が低く，65歳以上の人口の割合が高い。 ・日本などのように，少子化や高齢化が進んだ国に多い。

多文化共生ってどうして大事なの？

多文化共生　　　　　　　▶▶本冊 **129** ページ

解答

1 ① 文化
　② 宗教
　③ ダイバーシティ（多様性）
　④ 多文化共生
2 ウ

解説

1

② 宗教とは，神あるいは絶対的な力をもつとされる者を信じることといえます。世界中にさまざまな宗教がありますが，**キリスト教・イスラム教・仏教が世界三大宗教**とされています。

③ ある集団において，人種や民族，性別，高齢者や若者，障がいの有無など，さまざまな違いをこえて多様な生き方を認め合うこと，またはその状態をダイバーシティといいます。

2

異なる考え方や価値観をもつ人々が，いっしょに生活していくことを，多文化共生といいます。こうした社会では，互いの文化の違いを認め合い，対等な関係を築きながら生活していくことが大切です。

 互いの違いを認め合いながら協力して生きていく……。このような共生社会を築くためには，たとえ考え方の違いで対立したとしても，話し合いをとおして解決策を探すことが大切だよ！

 憲法って法律とは何が違うの？

日本国憲法　　　　　　　▶▶本冊 **131** ページ

解答

1 (1) 最高法規
　(2) 象徴
　(3) 国民主権
2 イ，ウ〔順不同〕
3 ① ウ
　② エ
　③ ア

解説

1

(1) 日本国憲法は，日本という国の最高法規です。終戦後の 1946 年に公布され，翌年に施行されました。

(2) 日本国憲法では，**天皇は国や国民全体の「象徴」**と定められています。そのため，天皇が主権をもっていた大日本帝国憲法の下での天皇とは異なり，国の政治について権限をもちません。

(3) 日本国憲法の基本原理には，**基本的人権の尊重**のほかに，**国民主権，平和主義**があります。

2

イ 交戦権の否認とは，ほかの国と戦いを交える権利を認めないことです。日本国憲法では第 9 条で明記されています。また，日本国憲法第 9 条では，武力を国際紛争の解決手段にしないこと，戦力の保持を認めていないこともおさえておきましょう。

 大日本帝国憲法と日本国憲法の違いは，しっかりと覚えておこう！ とくに天皇がどのような立場に置かれているかは重要だよ。

51 私たちはどんな「権利」を もっているの?

基本的人権の尊重　　　　　　▶▶ 本冊 133 ページ

解答

1 ① C　② B　③ A
　④ D　⑤ C　⑥ A
2 ① 精神の自由
　② 身体の自由
　③ 経済活動の自由
　④ 居住・移転
　⑤ 職業選択
　⑥ 財産権
3 イ

解説

1

①は憲法第 25 条, ②は憲法第 31 条, ③は憲法第 14 条, ④は憲法第 15 条, ⑤は憲法第 27 条, ⑥は憲法第 24 条で定められています。

2

① 精神の自由には, 思想・良心の自由やどの宗教を信仰するかを自分で決める信教の自由などがふくまれます。
② 身体の自由を守るため, 警察などの捜査や裁判において, 令状なしの逮捕や, 自白の強要などが強く禁止されています。
③ 経済活動の自由では, 自由に職業を選ぶ権利や, かせいだお金や土地などを所有する権利などが保障されています。

3

イ 「健康で文化的な最低限度の生活」を営む権利は生存権の考え方です。
ウ 子供に義務教育を受けさせることは, 保護者の義務です。

平等権, 自由権, 社会権など, 基本的人権にはどのような権利があるのか, しっかりと覚えよう!

52 国会議員は「国の建築士」 ってどういうこと?

民主政治　　　　　　　　　　▶▶ 本冊 135 ページ

解答

1 ① 政党
　② 内閣
　③ 与党
　④ 野党
2 ① d　② f　③ b
　④ c　⑤ e　⑥ a

解説

1

① 同じ政策や考え方をもつ人々が, それらを実現するためにつくる集団を政党といいます。議会の多くの議員が政党に所属しています。
② 議会の選挙で, もっとも多くの議席を得た政党の党首が, 首相となって内閣をつくります。1 つだけの政党で議席が過半数に達しない場合は, 複数の政党で内閣をつくる連立政権(連立内閣)が成立することもあります。

衆議院と参議院の違いも覚えておこう!

衆議院		参議院
議員定数 465 名 小選挙区…289 名 比例代表…176 名	議員定数	議員定数 248 名 選挙区選出…148 名 比例代表…100 名
4 年	任期	6 年 (3 年ごとに半数を改選)
満 18 歳以上の男女	選挙権	満 18 歳以上の男女
満 25 歳以上の男女	被選挙権	満 30 歳以上の男女
あり	解散	なし

53 地方と都会ってどう区別されているの？

地方自治　　　　　　　　　▶▶ 本冊 137 ページ

【解答】

1 ① 地方自治
② 都道府県
③ 地方公共団体(地方自治体)
④ 条例

2 ① ○　　② ×
③ ○　　④ ×

3 (例)住民が<u>地方議会と首長の両方</u>を<u>直接選挙</u>で選ぶことから，<u>住民の意思</u>が反映されやすく，民主主義のあり方を身近に学ぶことができるから。

【解説】

1
③ 地方公共団体とは，**国から自治権をあたえられて行政を行う団体**のことです。都道府県，市町村，特別区などの単位があります。
④ 条例は**地方公共団体の独自の法**のことです。地方議会によって定められます。

2
① その地域の中でできることなので，地方公共団体の仕事です。
② その地域の中だけではできない仕事なので，国の仕事です。
③ その地域の話なので，地方公共団体の仕事です。
④ 憲法の改正は国の仕事です。

地方自治は，私たち一人ひとりが自分から直接政治に参加できる場面が多いことから，「民主主義の学校」とよばれているんだね！

54 お金さえあれば何でも買えるの？

消費生活　　　　　　　　　▶▶ 本冊 141 ページ

【解答】

1 (1) A 賃金
B 労働力
(2) 財政

2 イ

3 ① 製造物責任法(PL 法)
② 消費者基本法

【解説】

1
(2) 政府は税金を使って，家計に公共サービスを提供したり，企業に公共事業のための補助金を支出したりします。

3
① 1994 年に公布された製造物責任法(PL 法)は，商品の欠陥が原因で消費者が被害を受けたときの企業の責任について定めた法律です。製造者に過失がなくても，製造者は賠償責任を負わなければいけません。
② 消費者基本法は，消費者保護基本法をもとにして 2004 年に成立した法律です。国や地方公共団体の責務として，法律の整備や情報提供などを行い，**消費者が被害にあうことを防ぎ，消費者の自立を支援する**ことを定めました。

公共サービスには，道路などのようにみんなが利用できるものや，病院や保健所などが行う福祉医療のものや，警察が行う治安維持のためのものがあるよ！

55 会社って一体何するところなの？

生産活動　　　　　　　▶▶本冊143ページ

【解答】

1 (1) ベンチャー企業
　(2) イ
2 (1) 株式
　(2) 株主
　(3) 配当
　(4) 利潤

【解説】

1
(1) 新しいアイデアなどをもとに起業し，新規事業に取り組む中小企業をベンチャー企業といいます。
(2) 近年，企業には，利潤を求めるだけでなく，**企業の社会的責任(CSR)を果たすこと**が求められています。それには，法令を守ることや情報を公開することのほか，消費者の安全に配慮することなどもふくまれます。

2
(2) 企業の株式を持っている人を株主といいます。株主はその企業の所有者と考えることができます。
(3) 株主は**企業がうみだした利潤の一部を，配当として受け取る**ことができます。

私企業と公企業の違い

私企業	個人企業	農家，個人商店 など
	法人企業	株式会社 など
公企業	地方公営企業	水道，ガス，バス など
	特殊法人	NHK(日本放送協会) など
	独立行政法人	国際協力機構，国民生活センター など

56 価格ってどうやって決まるんだろう？

市場経済　　　　　　　▶▶本冊145ページ

【解答】

1 (1) A 需要曲線
　　　B 供給曲線
　(2) 均衡価格
　(3) ① 上がる
　　　② 下がる
　(4) 100 円
2 (1) 独占価格
　(2) 独占禁止法

【解説】

1
(1) A 需要曲線は，**需要量と価格の関係**を表す線です。
　　B 供給曲線は，**供給量と価格の関係**を表す線のことです。
(2) 供給量と需要量が一致した価格を均衡価格とよびます。
(3) ① A 曲線を右にずらすことで，新たな均衡価格が決まり，価格は上がります。
　　② B 曲線を右にずらすことで，新たな均衡価格が決まり，価格は下がります。
(4) 図では，取引量が 20 万個のときに需要量と供給量が一致し，100 円で取引されています。

2
(2) 独占禁止法は，市場での公正で自由な競争をうながすために，企業が守らなければいけないルールを定めています。

市場経済では，すべての価格が需要と供給の関係で成り立っているわけではないんだよ。たとえば電気やガスといった公共料金は，国民生活への影響が大きいため，国や地方公共団体が決定や認可をしているんだ。

57 銀行って何してるところなの？

金融　　　　　　　　　　▶▶ 本冊 147 ページ

解答

1 (1) A 普通銀行　　B 日本銀行
　(2) a 預金　　　b 貸出
2 ① 直接金融
　② 間接金融
3 イ

解説

1

(1) B 日本銀行(日銀)は日本の中央銀行です。そのため個人や一般企業との取引はなく，政府や銀行とのみ取引をします。日本銀行には，**紙幣を発行する「発券銀行」**としての役割，**政府のお金を出し入れする「政府の銀行」**の役割，**銀行へのお金の貸し出しなどの「銀行の銀行」**の役割などがあります。

(2) 銀行はおもな仕事として，家計や企業から預金を集めたり，お金を貸し出したりします。**a** の向きが預金，**b** の向きが貸出です。

2

①・② 企業が社債などで直接お金を借りることを直接金融，金融機関を仲介してお金を借りることを間接金融といいます。

3

千円札や五千円札などの日本銀行券を発行できるのは，日本の中央銀行である日本銀行だけです。**ア**は銀行が行う貸出業務，**ウ**は為替業務にあたります。

中央銀行である日本銀行の役割について，よく覚えておこう！
・発券銀行…日本銀行券の発行
・政府の銀行…政府のお金の出し入れ
・銀行の銀行…一般の銀行へのお金の貸し出し，預金の受け入れ

58 不景気ってよくないことなの？

景気と金融政策　　　　　▶▶ 本冊 149 ページ

解答

1 (1) A 不景気　　B 好景気
　(2) ① 好景気
　　② 不景気
　(3) ① 不景気
　　② 好景気

解説

1

(1) A **不景気(不況)は，経済活動が停滞した状態**です。商品が売れづらくなって物価が下落し，企業は生産をおさえます。これにより倒産する企業がふえ，人々が失業したり所得が減少したりします。
　B **好景気(好況)は，経済活動が活発になっている状態**です。商品が多く売れて企業の生産が増加します。雇用や賃金が上昇し，家計の所得が増加します。

(2) ① 新技術の導入や設備投資が行われるのは，好景気のときです。
　② 売り上げが下がるのは，不景気のときです。

(3) ① 政府が減税や公共事業の拡大を行うのは，不景気のときです。人々の所得をふやすことなどで景気の回復につとめます。
　② ①と反対に好景気のときには，増税や公共事業の縮小を行って景気をおさえようとします。

景気はよくなりすぎるのも問題で，行きすぎた好景気は，モノの値段が高くなりすぎてしまったり，その後にその反動で一気に景気が落ち込んでしまったりするんだ。だから，好景気のときにも財政政策として，増税などが行われることを覚えておこう！

59 税金って何に使われているの？

財政 ▶▶ 本冊 151 ページ

解答

1 (1) ① 税金
　　② 私
　　③ 福祉
(2) ア，ウ〔順不同〕
(3) イ，エ〔順不同〕

解説

1
(1) ① 政府が家計や企業から税金を集めて，国民にさまざまなサービスなどを提供することを財政とよびます。
(2) 国や地方公共団体が提供する公共のための施設のことを社会資本(インフラ)とよびます。**道路・鉄道・港湾・上下水道・学校・公園・図書館など**がこれにあたります。
(3) 公共サービスは，国や地方公共団体が提供する，**警察・消防・交通・教育・医療など**のサービスのことです。

間接税の1つである消費税は，すべての人が同じ税率を負担しているため，一見公正にみえるけど，所得が低い人ほど，所得にしめる消費税の割合がふえてしまうという欠点があるよ。

60 SDGsって何？なぜ大切なの？

地球環境問題 ▶▶ 本冊 153 ページ

解答

1 (1) ① 京都議定書　　② パリ協定
(2) (例) 中国やインドなどの発展途上国は排出量が多いにもかかわらず，削減の義務がないこと。
2 (1) 南北問題
(2) 南南問題
(3) ブラジル，ロシア，インド，中国，南アフリカ共和国〔順不同〕

解説

1
(1) ① 地球温暖化防止京都会議で採択された議定書を「京都議定書」といいます。**先進国に**，地球温暖化の原因となる温室効果ガスの排出量を削減することを義務づけました。
② 2015 年に採択されたパリ協定は，京都議定書にかわる 2020 年以降の地球温暖化対策の国際的な枠組みで，**発展途上国をふくめた各国・地域**が目標に取り組むことを定めました。
2
(3) BRICS という名称は，**ブラジル・ロシア連邦・インド・中国・南アフリカ共和国**のそれぞれの国の頭文字からとられています。

地球規模の環境問題を整理しておこう！
・地球温暖化…大気中に二酸化炭素などの温室効果ガスが増加し，気温が上昇する現象。
・オゾン層の破壊…フロンガスによってオゾン層が破壊される現象。
・酸性雨…硫黄酸化物や窒素酸化物を原因とする酸性度が強い雨。
・砂漠化…人口の増加など，さまざまな要因で不毛の土地がふえる現象。